C++ for C Programmers

by JT Kalnay

This book is dedicated to Dennis Ritchie and to Steve Jobs.

To Dennis for giving us the tools to program.

To Steve for giving us a reason to program.

Published by jt Kalnay

Discover other titles by jt Kalnay at:
www.jtkalnay.com

About This Book

This book is not organized in a traditional chapter format.
Instead I have chosen to include example programs that illustrate the important
points of C++ in an evolutionary manner. Where appropriate, I have provided C code that would
accomplish the same things that the C++ code would do to illustrate the specific advantage
of C++. This comparison is useful as both a teaching tool and a motivational tool.

The programs that I present are not, by themselves, complete applications. The programs are "single-issue
teaching programs". Experienced programmers who are learning a new language have told me time and
time again that they mainly want to see the functionality of the new syntactic and semantic elements. The
programmers tell me that they will be able to think of the applicability of the feature to their project. When
necessary, I provide a sample application to give a feel for how the new element might be employed.

The programs are presented in an order that presents the simplest, most straightforward aspect of a new
element first. Subsequent programs present the more subtle or confusing aspects of a new element. This is
a proven pedagogical approach for teaching C++ that I have presented to over 1,000 professionals and
college students.

This book assumes that you are already a GOOD C programmer and are able to learn well on your own.
Simple (and peripheral) C++ concepts such as the cout/cin i/o mechanisms and how they replace
printf/scanf ... are left to the end or for the reader. To ease the learning curve, and to focus on the
compelling differences between C and C++, many C functions are used in place of the identical
corresponding C++ rewrites.

Good luck in your study of C++.

Table Of Contents

1
2
3
4
5
6
7
8
9
10
11
12
13
14
15
16
17
18
19
20
21
22
23
24
25
26
27
28
29
30
31
32
33
34
35

What is C++?

C++, at its essential core, is C with additional syntax to implement objects through the mechanism of classes. C++ upgrades the struct keyword with several new features;

    data hiding
    encapsulation
    polymorphism.

The extensions to the struct keyword are significant enough that the keyword "class" has been added to the language to replace and/or augment "struct". A class in C++ is the mechanism which facilitates the writing of Object Oriented programs.

Why you should learn C++.

1)   Data hiding and Functional Implementation hiding via private data and publicinterface coding.

      Skilled C programmers utilize techniques to implement data hiding. C++ formalizes and thus facilitates this practice.

2)   Being able to define operators for your data structures without having to introduce new names into the programmers vocabulary.

      In C, you define data structures with the struct keyword. The only operation defined for structs is =, a memberwise copy. If you want to add two instances of a struct, or compare two instances of a struct, you have to write a subroutine to perform the function and you have to advertise the name of the subroutine to the programmer that will be using it. This is silly. You already have the + and == operators to add and test for equivalency. Why can't you use them for user defined types? In C++, you can define the data structure and what any of the standard operators (+ ++ - - = == * / ...) mean with respect to that data structure. Having operators for your data structures simplifies the programmer's job. They don't have to learn as many subroutine names to be able to use your data structure.

3)   User defined variable initialization and deallocation code.

      In C, when someone declares an instance of one of your data structures, the system executes code that is responsible for assigning initial values to that data structure. The user may specify initial values, however it is still system code that runs.
      In C++, you have the option of writing what is known as constructor code. When someone declares an instance of one of your data structures, your constructor code can be executed. This can be extremely useful for error checking, data validation, user validation, auditing, billing, and tracking reasons.

4)   Anything you can do in C you can do in C++.
      Not everything you can do in C++ can be done in C.

5)   Many new commercially available code libraries will only work with C++.

Section 2

This section covers the parts of C++ that are building blocks for classes. These topics can be studied before or after learning about classes. However, to be able to fully exploit the power of classes, an understanding of these topics is very valuable.

ch1p1.cpp	C++ commenting mechanisms
	C++ and the if then else of C
	C++ and the for, while, do of C
	C++ and the printf of C and the cout of C++
vardefs.cpp	C++ and the int, float, char of C
	C++ and the new possible locations of variable declarations
scope.cpp	C++ and the scope of variables
	The C++ Scope Resolution Operator (sro) ::
scope1.cpp	The sro extended to include subroutine code
protos.c	C and its traditional weak function prototype header checking
protos.cpp	C++ and tighter function prototype header checking
	C++ needs tighter prototype checking because it allows for polymorphic functions. Several functions may have the same name, as long as they have different argument lists. The functions are distinguishable by their argument lists and thus the error checking performed by the prototype header checking becomes very important.
protos1.cpp	A polymorphic function
protos2.cpp	Polymorphic functions taken to a ridiculous, yet pedagogically valuable extreme.
reversi.cpp	A programmer friendly usage for polymoprhic functions.
defaults.cpp	C++ allows a function to have default arguments defined for the incoming argument list. This way, if a function is called with less than the required number of arguments in the calling list, the missing arguments can be filled in using the defaults.
polydef.cpp	There can be a side effect when using polymoprhic functions and functions with default argument lists. This program illustrates the potential pitfall.
refs.cpp	C++ and the reference feature. A reference is not a pointer. This program points that out.
refs1.cpp	References in action.
refs2.cpp	Extremely clever thing you can do with references.

```cpp
1    // ch1p1.cpp
2    // this program introduces C++ comments, variables, decisions and loops
3    // the double slashes are an addition to C++
4    // they are a commenting mechanism
5    // a double slash comment can begin anywhere on a line and continues
6    // until the end of that line and that line only
7
8    /* the slash asterisk, asterisk slash comment method */
9    /* is still
10        in use */
11
12   #if 0
13        to comment out long passages
14        of code, the #if 0 and the #ifdef mechanisms
15        are still available
16   #endif
17
18   #include <stdio.h>                    // get access to printf scanf
19   #include <iostream.h>                 // get access to cout and cin
20
21   // main is still the program entry point and by default still returns an int
22   main()
23   {
24        // the { is still the start of scope operator
25        // the } is still the end   of scope operator
26
27        int i = 5;                       // int is still a keyword
28        float f = 7.2;                   // float is still a keyword
29        char x = 'a';                    // char is still a keyword
30
31        // all the decision structures are the same as in C, if, switch, goto
32        if ( i < 7 )    // the relational operators are the same,  < <= > >= != ==
33        {
34            printf("i was less than 7\n");       // if is identical
35            printf("i was %i\n",i);              // printf is identical, although often replaced with cout
36        }
37        else
38        {
39            cout << "i was greater than or equal to 7\n";       // cout is new
40            cout << "i was " << i << endl;                      // it can replace printf
41        }
42
43        // all the looping structures are the same as in C  for, while, do
44        for ( i = 10; i < 13; i++ )
45            printf("%i squared is %i \n",i, i*i);
46
47   }
48
49
```

10

```cpp
// vardefs.cpp
// This program illustrates that C++ can declare variables the same as C.
// It also illustrates that in C++ you may declare variables anywhere you want.
// This is an extension to variable declaration in C.
// A common C++ programmer trick is illustrated, along with its side-effect.
// The C programmer who is used to declaring all their variables at the
// beginning of a program may continue to do so, however, there are
// advantages to waiting to declare a variable until it is needed, especially
// in programs that will run for hours or days
#include <stdio.h>
main()
{
    int i;                      // declare i, don't initialize it
    int j = 5;                  // declare and initialize j
    printf("i is %i j is %i \n",i,j);   // show i and j

    int k = 7;                  // declare another variable after first executable
    printf("k is %i \n",k);

    for ( i = 0; i < 3; i++ )            // i already exists
    {
        int i = 0;                       // in a new scope, a new i is created
        printf("INSIDE LOOP i is %i\n",i);  // this is the inside i
    }                                    // the inside i goes out of scope and
                                         // is deallocated each time around loop
    printf("After loop i is %i\n",i);

    // we can create a new variable anywhere, l is local to main
    // l is not local to the loop, the l declared inside the scope is local
    // to the loop

    for ( int l = 0;  l < 3; l++ )       // l is created once, at start of loop
    {
        int l = 0;                       // in a new scope, a new l is created
        printf("inside loop l is %i \n",l);  // this is the inside l
    }                                    // the inside l goes out of scope and
                                         // is deallocated each time around loop
    printf("After loop l is %i\n",l);

#ifdef BUG
    // this would be a redefinition of l, remember l is local to main
    // l is not local to the loop, many programmers confuse this issue
    for ( int l = 0;  l < 3; l++ )       // l is created once, at start of loop
    {
        int l = 0;                       // in a new scope, a new l is created
        printf("inside loop l is %i \n",l);  // this is the inside l
    }                                    // the inside l goes out of scope and
                                         // is deallocated each time around loop
    printf("After loop l is %i\n",l);
#endif
}
```

Output From Running Program

i is 0 j is 5
k is 7

INSIDE LOOP i is 0
INSIDE LOOP i is 0
INSIDE LOOP i is 0
After loop i is 3

Notice that each time around the loop, the internal I was re-created, and re-initialized to 0

inside loop l is 0
inside loop l is 0
inside loop l is 0
After loop l is 3

Notice that each time around the loop, the internal l was created, and re-initialized to 0

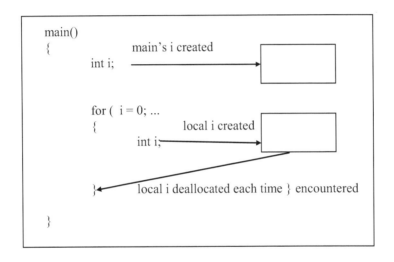

C++ allows you to declare variables the same way you did in C.

C++ also allows you to declare variables anywhere you want, even after executable statements.

```cpp
1   // scope.cpp
2   // C and C++ share variable scoping rules
3   // C++ provides a new operator, the scope resolution operator ::
4   // this operator can be used to distinguish between a local variable
5   // and a global variable by the same name.
6   #include <stdio.h>
7
8   int i = 5;     // i is a global variable, we'll call it global i, we can access it anywhere via ::i
9   int j = 7;     // j is also a global variable, we'll call it global j, we can access it anywhere via ::j
10  main()
11  {
12      int i = 50;                  // i is a local variable, we'll call it main's i
13      printf("i is %i \n",i);      // the local  variable will be printed
14      printf("::i is %i \n",::i);  // the global variable will be printed
15
16      printf("j is %i \n",j);      // the local  variable will be printed
17      printf("::j is %i \n",::j);  // the global variable will be printed
18
19      // start a new scope
20      {
21          int i = 500;             // this i is local to the scope
22          printf("\n\tIN FIRST SCOPE\n");
23          printf("\ti is %i \n",i);        // local  var printed
24          printf("\t::i is %i \n",::i);    // global var printed
25          printf("\tj is %i \n",j);        // local  var printed
26          printf("\t::j is %i \n",::j);    // global var printed
27
28          // start another new scope
29          {
30              int i = 5000;        // local to scope
31              int j = 7000;        // local to scope
32              printf("\n\t\tIN INNERMOST SCOPE\n");
33              printf("\t\ti is %i \n",i);        // local  printed
34              printf("\t\t::i is %i \n",::i);    // global printed
35              printf("\t\tj is %i \n",j);        // local  printed
36              printf("\t\t::j is %i \n",::j);    // global printed
37          }
38          printf("\n\tAFTER INNERMOST SCOPE\n");
39          printf("\ti is %i \n",i);        // local  var printed
40          printf("\t::i is %i \n",::i);    // global var printed
41          printf("\tj is %i \n",j);        // local  var printed
42          printf("\t::j is %i \n",::j);    // global var printed
43      }
44      printf("\n\tAFTER FIRST SCOPE\n");
45      printf("i is %i \n",i);      // local  var printed
46      printf("::i is %i \n",::i);  // global var printed
47      printf("j is %i \n",j);      // local  var printed
48      printf("::j is %i \n",::j);  // global var printed
49  }
50
```

1	Output From Running Program	
2		At this point in the program there is the global i and
3		there is main's i
4	i is 50	i all by itself refers to the i local to the scope
5	::i is 5	::i refers to the GLOBAL i
6	j is 7	
7	::j is 7	
8		
9	IN FIRST SCOPE	now there are threei's, therefore i and ::i are different
10	i is 500	i all by itself refers to the i local to the scope
11	::i is 5	::i refers to the GLOBAL i
12	j is 7	
13	::j is 7	
14		
15	IN INNERMOST SCOPE	now there are four i's, therefore i and ::i are different
16	i is 5000	i all by itself refers to the i local to that scope
17	::i is 5	::i refers to the GLOBAL i, not the i one scope out
18	j is 7000	
19	::j is 7	
20		
21	AFTER INNERMOST SCOPE	now we are back to just three i's
22	i is 500	i refers to the i local to that scope
23	::i is 5	::i refers to the GLOBAL i
24	j is 7	
25	::j is 7	
26		
27	AFTER FIRST SCOPE	
28	i is 50	
29	::i is 5	
30	j is 7	
31	::j is 7	
32		
33		

Global i
allocated here

main's i
allocated here

first scope's i
allocated here

second scope's i
allocated here

deallocated here

first scope's i deallocated here, when scope
is going out of scope

main's i deallocated here, when main finishes

global i deallocated here, when load module goes out of scope

```cpp
 1    // scope1.cpp
 2    // the scope resolution operator applies in subroutines as well
 3    // a subroutine may have a local instance of a variable and still reference a global variable with
 4    // the same name via the :: operator
 5
 6    #include <stdio.h>
 7    #include <iostream.h>
 8
 9    int i = 5;          // this is a global variable
10    int j = 7;          // this is also a global variable
11
12    void func1(void)
13    {
14        // declare a local i
15        // do not declare a local j
16        int i = 25;
17        cout << "IN func1   i is " << i << endl;        // i, all by itself, referes to the local i
18        cout << "IN func1 ::i is " << ::i << endl;       // ::i referes to the GLOBAL i, not main's i
19
20        cout << "IN func1   j is " << j << endl;        // j, all by itself, referes to the global j in this case
21        cout << "IN func1 ::j is " << ::j << endl;       // because there is no local j
22        return;
23    }
24
25    main()
26    {
27        int i = 50;                 // this i is local to main, it is not visible to the subroutine
28        printf("i is %i \n",i);       // the local  variable will be printed
29        printf("::i is %i \n",::i);    // the global variable will be printed
30
31        printf("j is %i \n",j);       // the local  variable will be printed
32        printf("::j is %i \n",::j);    // the global variable will be printed
33
34        // call the function
35        func1();
36    }
37
38    Output From Running Program
39
40    IN func1   i is 25          // the local i in the subroutine was accessed
41    IN func1 ::i is 5           // the GLOBAL i, not main's i, was accessed via ::i
42    IN func1   j is 7           // there was no local j, therefore the GLOBAL j was accessed
43    IN func1 ::j is 7           // ::j also referred to the global j
44
45    i is 50                     // the local i in main was accessed
46    ::i is 5                    // the GLOBAL i was accessed
47    j is 7                      // the global j was accessed because there is no j local to main
48    ::j is 7                    // the global j was accessed
49
```

16

```
1   // protos.c
2   // C++ tightens the requirement for function prototype headers
3   // In C, you can get away without having the header, sometimes with
4   // disastrous results.  In C++ you have to have the header.
5   // This program could be compiled as a C program
6   // This program could not be compiled as a C++ program because of missing prototype headers
7   main()
8   {
9       printf("IN main\n");
10      func1();
11  }
12
13  int func1(void)
14  {
15      printf("IN Func1\n");
16      return 1;
17  }
18
19  Output From Running Program as a C Program
20  IN main
21  IN Func1
22
23  Sample Output of Trying To Compile as a C++ Program
24  CC protos.c
25  "protos.c"        line 13: error:    undefined function func1 called
26  Compilation failed
27
```

```
1      // protos.cpp
2      // C++ tightens the requirement for function prototype headers
3      // In C, you can get away without having the header, sometimes with
4      // disastrous results.  In C++ you have to have the header.
5      // This program could be compiled as a C++ program
6
7      #include <stdio.h>        // these two lines are required to compile this
8      int func1(void);          // program as a C++ program
9                                / without them you would get errors on the use of
10                               // printf and on the use of func1
11                               // C++ REQUIRES the function prototype headers
12
13     main()
14     {
15         printf("IN main\n");
16         func1();
17     }
18
19     int func1(void)
20     {
21         printf("IN Func1\n");
22         return 1;
23     }
24
25
26     Output From Running  Program
27     IN main
28     IN Func1
29
```

```
1    // protos1.cpp
2    // C++ tightens the requirement for function prototype headers
3    // The reason it tightens the function prototype header rules
4    // is related to the feature called polymorphism that C++ provides
5    // examine the TWO FUNCTIONS func1
6    // they have the same name, but take different argument lists
7    // we will examine this closer in later programs
8
9    #include <stdio.h>      // these two lines are required to compile this
10   int func1(void);
11   int func1(int);
12
13   main()
14   {
15       int i = 0;
16
17       printf("IN main\n");
18       printf("Before call i is %i\n\n",i);
19       i = func1();
20       printf("After first call i is %i\n\n",i);
21       i = func1(i);
22       printf("After second call i is %i\n\n",i);
23   }
24
25
26   function name:    func1                    ←——— function name is func1   called via func1()
27   return type:      int
28   argument list:    void
29   int func1(void)
30   {
31       printf("IN func1, no argument version \n");
32       return 1;
33   }
34
35   function name:    func1                    function name is func1      called via func1(int)
36   return type:      int                      ←————
37   argument list:    int
38   int func1(int)
39   {
40       printf("IN func1, integer argument version \n");
41       return 253;
42   }
43
44   Output From Running Program
45
46   IN main
47   Before call i is 0
48
49   IN func1, no argument version
50   After first call i is 1
51
52   IN func1, integer argument version
53   After second call i is 253
54
```

19

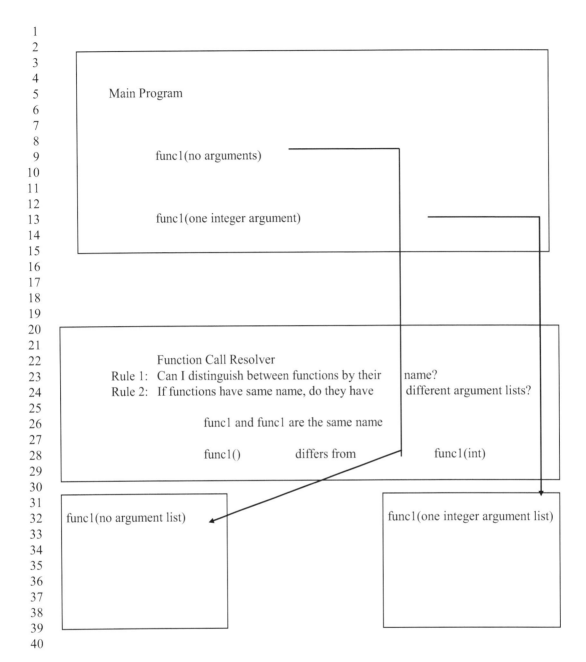

```
1    // protos2.cpp
2    // a function may have the same name as another function as long as it differs in the argument list
3    // this program takes this to the extreme
4
5    #include <stdio.h>              // these two lines are required to compile this
6    #include <iostream.h>
7
8    int func1(void);               // prototype header for func1 with no argument list
9    int func1(int);                // prototype header for func1 with one integer in argument list
10   int func1(float);              // prototype header for func1 with one float in argument list
11   int func1(int,int);            // prototype header for func1 with two ints in argument list
12   int func1(int,int,int);        // prototype header for func1 with three ints in argument list
13   int func1(int,int,int,int);    // prototype header for func1 with four ints in argument list
14
15
16   main()
17   {
18       int i = 0;
19       float f = 1.1;
20
21       printf("IN main\n");
22       printf("Before call i is %i\n\n",i);
23       i = func1();
24       printf("After no arg   call i is %i\n\n",i);
25
26       i = func1(i);
27       printf("After one int  call i is %i\n\n",i);
28
29       i = func1(f);
30       printf("After float    call i is %i\n\n",i);
31
32       i = func1(i,i);
33       printf("After two int  call i is %i\n\n",i);
34
35       i = func1(i,i,i);
36       printf("After three int call i is %i\n\n",i);
37
38       i = func1(i,i,i,i);
39       printf("After four int  call i is %i\n\n",i);
40   }
41
```

```
1    // The ridiculous list of functions all with the same name
2    // Having one function with one name is good, having two functions with the same name is okay
3    // Having three functions with the same name is acceptable, but FOUR functions or more with the same
4    // name?  Are they really all doing the same thing?  Maybe you need a different function name.  Maybe not
5
6    int func1(void) {
7         printf("IN func1, no argument version \n");
8         return 1; }
9
10   int func1(int) {
11        printf("IN func1, integer argument version \n");
12        return 2; }
13
14   int func1(float) {
15        printf("IN func1, float argument version \n");
16        return 3;  }
17
18   int func1(int,int) {
19        printf("IN func1, two integer argument version \n");
20        return 4; }
21
22   int func1(int,int,int) {
23        printf("IN func1, three integer argument version \n");
24        return 5; }
25
26   int func1(int,int,int,int) {
27        cout << "In func1, four integer argument version " << endl;
28        return 6; }
29
30   Output From Running Program
31
32   In func1, four integer argument version
33   IN main
34   Before call i is 0
35
36   IN func1, no argument version
37   After no arg    call i is 1
38
39   IN func1, integer argument version
40   After one int   call i is 2
41
42   IN func1, float argument version
43   After float     call i is 3
44
45   IN func1, two integer argument version
46   After two int   call i is 4
47
48   IN func1, three integer argument version
49   After three int call i is 5
50   After four int  call i is 6
51
52   The function call resolver can tell all these functions apart by their argument lists
53
```

```cpp
// reversi.cpp
// this program shows a handy feature of C++ polymorphic functions
// When you have a function that takes two arguments of two different
// types and a lot of people are going to use that function
// you can make the function easier to use by allowing the programmer
// to call the function with the arguments in either order

// For example, if you have a function that requires an age and a name
// you could allow the function to be called with the name first and age
// second or the age first and the name second.

void func1(char *, int);            // function prototype header for name first, age second
void func1(int, char* );            // function prototype header for age first, name second

#include <iostream.h>
main()
{
    // call the function the first way
    func1("bill", 32);

    // call the function the second way
    func1(89,"frank");

}

function name:    func1
return type:      void
argument list:    pointer to character, integer
void func1(char * ptr, int age)
{
    cout << ptr << " is " << age << " years old " << endl;
}

function name:    func1
return type:      void
argument list:    integer, pointer to character
void func1(int age, char * ptr)
{
    cout << ptr << " is " << age << " years old " << endl;
}


// MAINTENANCE POINT
// you have to decide whether to use polymorphic names for a function or
// whether to use default arguments for a function
// you create a chicken and egg problem if you use both polymorphic names
// for a function and default arguments for a function, see the next program

Output From Running Program
bill is 32 years old
frank is 89 years old
```

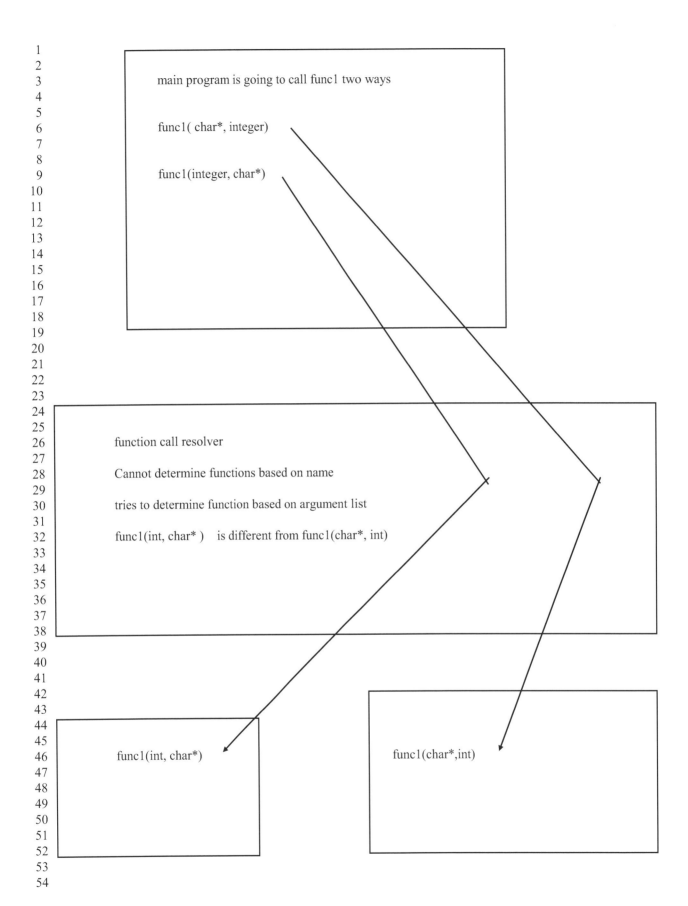

main program is going to call func1 two ways

func1(char*, integer)

func1(integer, char*)

function call resolver

Cannot determine functions based on name

tries to determine function based on argument list

func1(int, char*)   is different from func1(char*, int)

func1(int, char*)

func1(char*,int)

24

```cpp
// defaults.cpp
// C++ allows you to write functions that have default arguments.
// This is handy when you want to call a function that needs four
// arguments but two or three of them are almost always the same.
// Any arguments that you do supply to a function with default arguments
// will fill in the argument list fields from left to right.
// Imagine a function that requires the date passed in, with default
// arguments, the function could assume that we are in the 20th century unless
// told otherwise.

// what you do is specify what the arguments are supposed to be if no value is provided.

void func1(int = 1);                          // if called with no args, arg set to 1
void func2(int, int = 2);                      // if called with no args, error
                                               // if called with one arg, second arg set to 2

void func3(int, int, int = 27);                // if called with no args, error
                                               // if called with one arg, error
                                               // if called with two args, third arg set to 27

void func4(int = 1, int = 2, int = 3, int = 4);   // if called with no args,
                                               // first arg set to 1, second arg set to 2
                                               // third arg set to 3, foruth arg set to 4
#include <iostream.h>
main()
{
    int i = 100, j = 200, k = 300, l = 400;

        // what will be printed by each of these calls??
        func1();
        func1(i);
        func1(j);
        cout << endl;

        // func2();  THIS WOULD BE A COMPILER ERROR.  Can you answer why?
        func2(i);
        func2(i,j);
        cout << endl;

        // BOTH OF THESE WOULD BE COMPILER ERRORS.  Can you answer why?
        // func3();
        // func3(i);
        func3(i,j);
        func3(i,j,k);
        cout << endl;

        func4();
        func4(i);
        func4(i,j);
        func4(i,j,k);
        func4(i,j,k,l);
        cout << endl;
}
```

25

```
1    void func1( int a )
2    { cout << "a is " << a << endl; }
3
4    void func2( int a, int b )
5    { cout << "a is " << a << "  b is " << b << endl; }
6
7    void func3( int a, int b, int c )
8    { cout << "a is " << a << "  b is " << b << "  c is " << c << endl; }
9
10   void func4( int a, int b, int c, int d )
11   { cout << "a is " << a << "  b is " << b << "  c is " << c << "  d is " << d << endl; }
12
13   In the program remember that these variables had these values
14   i = 100
15   j = 200
16   k = 300
17   l = 40
18
19   Output From Running Program
20
```

	Output Produced	**Function Call That Was Made**
21		
22	a is 1	func1()
23	a is 100	func1(i)
24	a is 200	func1(j)
25		
26	a is 100 b is 2	func2(i)
27	a is 100 b is 200	func2(i,j)
28		
29	a is 100 b is 200 c is 27	func3(i,j)
30	a is 100 b is 200 c is 300	func3(i,j,k)
31		
32	a is 1 b is 2 c is 3 d is 4	func4()
33	a is 100 b is 2 c is 3 d is 4	func4(i)
34	a is 100 b is 200 c is 3 d is 4	func4(i,j)
35	a is 100 b is 200 c is 300 d is 4	func4(i,j,k)
36	a is 100 b is 200 c is 300 d is 400	func4(i,j,k,l)
37		

1
2
3
4   main calls func1, can call it with one int or with not ints
5
6
7   main calls func2, can call it with one int or two ints
8   cannot call it with no ints
9
10 main calls func3 with two ints or three ints
11   cannot call it with no or one ints
12
13 main calls func4 with zero, one, two three or four ints
14
15
16
17
18
19
20
21
22
23 Function Call Resolver
24
25 Can tell functions apart by their names
26
27 But what does it do when it gets called with func1 and no ints?
28   it fills in the one default and calls func1 with one int!
29 What does it do when it gets called with func4 and two ints?
30   it fills in two more ints and calls func4 with four ints!
31
32

func1 with one int	func1 with two ints	func1 with three ints	func1 4 ints

```
1    // polydef.cpp
2
3    // this program illustrates a potential problem using polymorphic names
4    // for a function where you also supply default arguments for a function
5
6    void func1(int, float = 2.34 );       // this could be called sending one int
7    void func1(int);                      // this could also be called sending one int
8                                          // There would be no way for the function call resolver to figure
9                                          // out which one had been called
10
11   #include <iostream.h>
12   main()
13   {
14       int i = 5;
15       float f = 9.99;
16
17       // call func1 sending one int, which gets called, the
18       // func1 with a single int arg or the func1 with an int
19       // and float default?
20       func1(i);
21
22       // call func1 sending an int and a float
23       func1(i,f);
24
25   }
26
27   function name:    func1
28   return type:      void
29   argument list:    one integer, no defaults
30   void func1(int a)
31   {
32       cout << "In one int arg func1 a = " << a << endl;
33   }
34
35   function name:    func1
36   return type:      void
37   argument list:    one integer and one float   OR
38                     one integer, with float added in as default by function call resolver
39   void func1(int a, float b)
40   {
41       cout << "In two arg func1 with float default " << endl;
42       cout << "int a is " << a << " float b is " << b << endl;
43   }
44
45
46   Output From Trying To Compile This Program
47
48   CC polydef.cpp
49   "polydef.cpp", line 18: error: two exact matches for func1();  void(int)  and void(int,float)
50   Ambiguous Function Call
51   Compilation Failed
52
```

```cpp
// refs.cpp
// C++ introduces the concept of a reference
// A reference IS NOT a pointer, it has no memory of its own
// A pointer is a pointer, it has memory of its own in which it
// stores the address of the thing it is pointing at

// In this program we introduce the basic syntax for declaring and using
// a reference

// Subsequent programs, especially refs2.cpp, show the use of a reference

#include <iostream.h>

main()
{
    int a = 1;              // a is an integer, it has its own memory
    int & c = a;            // c is NOT an integer, it does not have memory
                            // the syntax   int &   identifies c as a reference
    int * ptr = &a;         // ptr is a pointer to an integer
                            // it has the address of a stored in it

    cout << "value of a is " << a << endl;
    cout << "value of c is " << c << endl;
    cout << "value of ptr is " << ptr << endl << endl;

    cout << "address of a is " << &a << endl;
    cout << "address of c is " << &c << endl;
    cout << "address of ptr is " << &ptr << endl << endl;

    a = 3;                  // this changes the value of a
    cout << "value of a is " << a << endl;
    cout << "value of c is " << c << endl;
    cout << "value of *ptr is " << *ptr << endl << endl;

    c = 7;                  // this also changes the value of a
    cout << "value of a is " << a << endl;
    cout << "value of c is " << c << endl;
    cout << "value of *ptr is " << *ptr << endl << endl;

    *ptr = -32;             // this also changes the value of a
    cout << "value of a is " << a << endl;
    cout << "value of c is " << c << endl;
    cout << "value of *ptr is " << *ptr << endl << endl;
}
```

		Variable	Memory	Address
1				
2				
3				
4	Output From Running Program			
5	value of a is 1	a	1	0x1833fff4
6	value of c is 1	c		
7	value of ptr is 0x1833fff4			
8				
9	address of a is 0x1833fff4			
10	address of c is 0x1833fff4			
11	address of ptr is 0x1833fff2			
12				
13	value of a is 3	ptr	0x1833fff4	0x1833fff2
14	value of c is 3			
15	value of *ptr is 3			
16				
17	value of a is 7			
18	value of c is 7			
19	value of *ptr is 7			
20				
21	value of a is -32			
22	value of c is -32			
23	value of *ptr is -32			
24				

30

```
1    // refs1.cpp
2    // This program shows the use of reference variables in calling a function
3    // This notation will drive C programmers CRAZY because it seems to be
4    // in direct conflict with how C does things.  I agree.  This is confusing
5
6    #include <iostream.h>
7
8    // a copy of the value of the calling argument is stored in x
9    void call_by_value ( int x )
10   {
11       cout << "call_by_value received " << x << endl;
12       cout << "address of x is " << &x << endl;
13       x++;
14       cout << "call_by_value generated " << x << endl;
15   }
16
17   // the name of the calling argument is stored in x
18   // x will not be a local variable, x will BE the calling argument
19   // x will not have to be dereferenced to access the contents
20   void call_by_reference ( int& x )
21   {
22       cout << "call_by_reference received " << x << endl;
23       cout << "address of x is " << &x << endl;
24       x++;
25       cout << "call_by_reference generated " << x << endl;
26   }
27
28   // the address of the calling argument is stored in x
29   // x will be a local variable of type pointer to int
30   // x will need to be dereferenced to access the contents
31   void call_by_pointer ( int* x )
32   {
33       cout << "call_by_pointer received " << x << endl;
34       cout << "call_by_pointer points at " << *x << endl;
35       cout << "address of x is " << &x << endl;
36       *x = *x + 1;
37       cout << "call_by_pointer generated " << *x << endl;
38   }
39
```

```
1    main()
2    {
3        int i = 1;
4        cout << "ADDRESS OF MAIN i IS " << &i << endl;
5        cout << "i before call_by_value(i) " << i << endl;
6        call_by_value(i);              // only name of variable is used
7        cout << "i after call_by_value(i) " << i << endl << endl;
8
9        cout << "i before call_by_reference(i) " << i << endl;
10       call_by_reference(i);          // only name of variable is used
11       cout << "i after call_by_reference(i) " << i << endl << endl;
12
13       cout << "i before call_by_pointer(i) " << i << endl;
14       call_by_pointer(&i);           // need to generate address of variable
15       cout << "i after call_by_pointer(i) " << i << endl << endl;
16   }
17
```

	Output From Running Program	variable	memory	address
18				
19				
20				
21	ADDRESS OF MAIN i IS 0xd37fff4	main's i	1	0xd37fff4
22				
23				
24		call_by_value		
25	i before call_by_value(i) 1			
26	call_by_value received 1	local x	1	0xd37fff2
27	address of x is 0xd37fff2			
28	call_by_value generated 2			
29	i after call_by_value(i) 1			
30				
31				
32				
33				
34				
35				
36	i before call_by_reference(i) 1			
37	call_by_reference received 1	call_by_reference		
38	address of x is 0xd37fff4			
39	call_by_reference generated 2	no local x	Main's i manipulated directly	
40	i after call_by_reference(i) 2			
41				
42				
43				
44				
45				
46				
47	i before call_by_pointer(i) 2	call_by_pointer		
48	call_by_pointer received 0xd37fff4			
49	call_by_pointer points at 2	ocal x	0xd37fff4	0xd37fff2
50	address of x is 0xd37fff2	pointer to int		
51	call_by_pointer generated 3			
52	i after call_by_pointer(i) 3 manipulates main's i through *x			
53				
54				

```cpp
1    // refs2.cpp
2    // This program shows an EXTREMELY interesting way in which references can be utilized
3    // It draws on the fact that a reference can appear on the LEFT of an
4    // assignment statement or on the RIGHT of an assignment statement
5    // Also, a reference can be the return value of a function
6
7    #include <iostream.h>
8
9    // this function receives references to two variables
10   // It decides which one is largest and RETURNS THE REFERENCE
11   int & largest(int& a, int& b)
12   {
13        if ( a > b )
14              return a;
15        else
16              return b;
17   }
18
19   main()
20   {
21        int i = 10;
22        int j = 100;
23        int x = 0;
24
25        // this chunk shows how we EXPECT to use a function
26        cout << "x is " << x << endl;
27        x = largest(i,j);
28        cout << "x is " << x << endl << endl;
29
30        // by having the function return a reference, we can do this
31        // We are adding one to whichever of the two is larger
32        cout << "i is " << i << endl;
33        cout << "j is " << j << endl;
34        largest(i,j)++;
35        cout << "i is " << i << endl;
36        cout << "j is " << j << endl << endl;
37
38   }
39   Output From Running Program
40   x is 0
41   x is 100
42
43   i is 10
44   j is 100
45   i is 10
46   j is 101
47
48   largest(i,j)        resolves to either the variable i or j
49                       it does not resolve to the value of i or j
50                       it does not resolve to the address of i or j
51                       it resolves to the variable i or j
52
53   therefore        largest(i,j)++      resolves to either i++  or j++
54
```

Section 3

Class Mechanism
Private Data
Public Member Functions

Programs use data structures. C provides the struct keyword for the specification of user defined data structures. Programs use subroutines to manipulate the data structures. If the data structures are only to be manipulated by the subroutiens, and the subroutines only manipulate the data structures, then why are they semantically separate entities?

Suppose that you have produced a data structure. You write subroutines to manipulate instances of this data structure. A user of your data structure may decide not to use the subroutiens that you wrote. They write their own, and make many mistakes with your data structure. Who is going to be held accountable? Why you of course, the poor sot that created the data structure that provided to be impossible to use! What is preventing the programmer from bypassing the carefully constructed subroutines that you wrote to work with the data structure? In C, Nothing, nada, zilch, zippo. Your data structures are wide open to the marauding hordes of hackers. In C++, you can prevent users from using any subroutines except those that you provided to manipulate the data inside your data structure. This can be extremely useful in producing verifiably correct programs.

The C++ class mechanism formalizes the practices of skilled programmers by enforcing data hiding and function exclusivity. C++ allows subroutines to be declared and defined WITHIN the context of a data structure. C++ also allows the programmer to specify what subroutines may act on what data structures.

```
1    // ch1p2.cpp
2    #include <stdio.h>                // get access to printf scanf
3    #include <iostream.h>             // get access to cout and cin
4
5    // a structure definition, the keyword struct works the same way as in C
6    struct a
7    {
8        int a;                        // a field, legal values are 0 to 10
9    };
10
11   // seta is a subroutine with error checking to ensure that a legal value is
12   // put into the field in the structure of type struct a.
13   // the question is,  What is FORCING the user to use this routine?
14   // Since they have unrestricted access to the data elements of the
15   // structure, they can set a value into the field without using your
16   // error checking routine, defeating the purpose of having the subroutine.
17   void seta(struct a * sa, int ina)
18   {
19       while ( ina < 0 || ina > 10 )
20       {
21           printf("%i is invalid, please enter number in range 0,10\n");
22           scanf("%i",&ina);
23       }
24       sa->a = ina;
25   }
26
27   main()
28   {
29       struct a a1;                   // create an instance of the data type struct a
30
31       // these first two sections use the variable a1 of type structa
32       // in conjunction with the subroutine seta that was designed to error
33       // check values going into an instance of a struct a
34       seta(&a1,3);;                  // this will call the subroutine that does the error
35                                      // checking for the value you want to put in a1
36       printf("field a of a1 is %i \n",a1.a);
37
38       seta(&a1,-7);                  // this will call subroutine that does error check
39       printf("field a of a1 is %i \n",a1.a);
40
41       // this code shows how a programmer can IGNORE the routine you wrote
42       // to put the values into instances of struct a
43       // in the first case, no harm is done
44       // in the second case, an illegal value arrives in the data structure
45       // EVEN THOUGH THERE IS A ROUTINE TO PREVENT THIS, NOTHING ENFORCED IT
46       a1.a = 10;                     // programmer has direct access to fields of variables
47                                      // of type struct a
48       printf("field a of a1 is %i \n",a1.a);
49
50       a1.a = -2;                     // programmer has direct access to fields of variable
51       printf("field a of a1 is %i \n",a1.a);
52   }
53
```

36

Output From Running Program

field a of a1 is 3

User uses subroutine and experiences error
checking the way we would hope they would
0 is invalid, please enter number in range 0,10
23
23 is invalid, please enter number in range 0,10
98
98 is invalid, please enter number in range 0,10
5
field a of a1 is 5

field a of a1 is 10   User uses direct access but luckily puts in
                                                                       a valid value

field a of a1 is -2   User uses direct access and puts in an
                                                                       invalid value

THERE WAS NOTHING STOPPING THE PROGRAMMER FROM DIRECTLY ACCESSING THE
DATA IN THE STRUCTURE. THEY WERE ABLE TO WANTONLY BYPASS ERROR CHECKING!!

```
1   // ch1p3.cpp
2   #include <stdio.h>              // get access to printf scanf
3   #include <iostream.h>           // get access to cout and cin
4
5   // a class definition instead of a structure definition
6   // the keyword private indicates that the field listed in the private area
7   // can only be manipulated by the functions listed in the public area
8   // the programmer does not have direct access to the fields in the private area
9   // only the coder of the class has access to the fields
10  // if the user wants to put a value in field a, they HAVE to go through  the member function seta
11  class a {
12      private:
13          int a;                  // a field, legal values are 0 to 10
14      public:
15          void seta(int );        // a public member function to set a
16          void printa(void);      // a public member function to print a
17  };
18
19  // the function name is now expanded from seta to a::seta
20  // the a:: identifies that fact that this is the seta function that belongs to the class a
21  // note that unlike the seta from ch1p2.cpp, that no pointer to a struct a
22  // is passed in by the programmer, the system passes a pointer for you
23  // when a function is a member of a class, an instance of that class is BOUND
24  // to the function call by the calling syntax, the BOUND variable is called
25  // the INVOKING variable and its address is stored in the pointer variable
26  // "this"
27
28  // a sample call to this function would be  a1.seta(-3);
29  // the variable a1 would be BOUND to the call and its address would be stored
30  // in a pointer    "this"
31
32  return    class     function         argument
33  type      name      name             list
34
35
36
37
38  void a::seta(int ina)
39  {
40      while ( ina < 0 || ina > 10 )
41      {
42          printf("%i is invalid, please enter number in range 0,10\n");
43          scanf("%i",&ina);
44      }
45      // this was the pointer that got the address of the INVOKING variable
46      this->a = ina;
47  }
48
49  void a::printa(void)
50  {
51      printf("The value of field a is %i\n",this->a);
52      return;
53  }
54
```

38

```
1     main()
2     {
3           // when declaring variables that are of a user defined class,
4           // the keyword class is not required
5           a a1;                    // create an instance of the data type class a
6
7           // these first two sections use the variable a1 in conjunction with
8           // the subroutine seta that was designed to error check values going
9           // into an instance of a struct a
10          a1.seta(3);              // this will call the subroutine that does the error
11                                   // checking for the value you want to put in a1
12          // because the field a is private, you can't print it from this code
13          // it is only available to member functions of the class
14          // this we have to use the member function printa
15          // printf("field a of a1 is %i \n",a1.a);
16          a1.printa();
17
18
19          a1.seta(-7);             // this will call subroutine that does error check
20          a1.printa();
21
22          // these lines will not compile, because a is a private field
23          // the error checking that you built into seta is ENFORCED
24          // remove the #if 0 and the #endif from the code and try to compile
25          // you will see the compiler error
26          // a::a is not accessible in function main()
27    #if 0
28          a1.a = 10;
29          a1.a = -2;
30    #endif
31    }
```

1
2
3
4
5
6
7
8
9
10
11
12
13
14
15
16
17
18
19
20
21
22
23
24
25
26
27
28
29
30
31
32
33
34
35
36
37

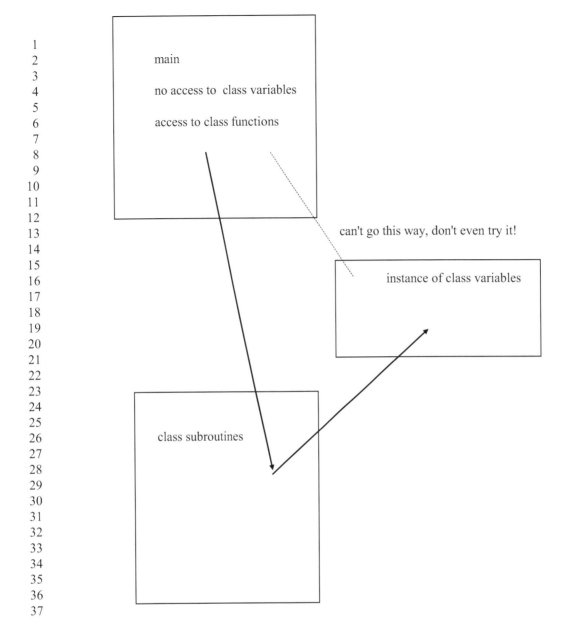

main

no access to class variables

access to class functions

can't go this way, don't even try it!

instance of class variables

class subroutines

40

```
1    // struct1.cpp
2    // We have seen that unrestricted programmer access to structure fields is BAD
3    // Because a structure can be made to take on invalid values, every subroutine
4    // that deals with the structure type must have error checking included in it.
5    // This is wasteful.  It would be better if there was no way for an invalid value ever to get into
6    // an instance of a data structure that you created
7
8    #include <stdio.h>      // get access to printf and scanf
9    #include <stdlib.h>     // get access to exit
10
11   // account for the zero indexing, users typically say January is month 1
12   char * months[13] =
13   {
14       "fill", "January", "February", "March", "April", "May", "June",
15       "July", "August", "September", "October", "November", "Dec"
16   };
17
18   // Don't worry about leap year in this example
19   // account for the zero indexing, users typically say January is month 1
20   int days_per_month[13] = { 100, 31, 28, 31, 30, 31, 30, 31, 31, 30, 31, 30, 31 };
21
22   struct d { int month, day, year; };    // typical struct definition
23
24   void inc_date( struct d * );          // function to move to next date
25   void print_date( struct d * );        // function to print what month it is
26
27   main()
28   {
29       // what will be the initial values for d1 and d2??  Whatever the SYSTEM decides.
30       struct d d1;                      // create an instance of an d
31       struct d d2;                      // create another instance of an d
32
33       d1.month = 12;
34       d1.day = 25;
35       d1.year = 1994;                   // a valid date has been initialized, okay
36
37       print_date(&d1);                  // display valid date
38       inc_date(&d1);                    // call f1 with a valid date
39       print_date(&d1);                  // call f2 with a valid date
40
41       d1.month = 98;                    // make a valid date into an invalid one
42                                         // there is nothing preventing the programmer from doing this
43       inc_date(&d1);      // call the function with an invalid date, error checking required in routine
44       print_date(&d1);    // call the function with an invalid date, error checking required in routine
45   }
46
47
48
49
50
51
52
```

```c
1    // this function is supposed to move the date to the next day
2    // it first has to check to see that the date passed to it is valid
3    void inc_date ( struct d * ptr1 )
4    {
5         // FORCED TO ERROR CHECK IN EVERY ROUTINE THAT DEALS WITH STRUCT D
6         if ( ptr1->year < 0 )   // make sure our year is valid
7         {
8              printf("Invalid year field, cannot print, exiting\n");
9              exit(-1);
10        }
11        // make sure our month is valid
12        if ( ptr1-> month < 1 || ptr1->month > 12 )
13        {
14             printf("Invalid month field, cannot print, exiting\n");
15             exit(-2);
16        }
17        // make sure our day is valid
18        if ( ptr1->day > days_per_month[ptr1->month] || ptr1->day < 1 )
19        {
20                  printf("Invalid day field, cannot print, exiting\n");
21                  exit(-3);
22        }
23        // now that we have a valid date, update it, wrapping if necessary
24        ptr1->day++;
25        if ( ptr1->day > days_per_month[ptr1->month] ) {
26             ptr1->day = 1;    ptr1->month++;
27             if ( ptr1->month == 13 ) {
28                  ptr1->month = 1;
29                  ptr1->year++;
30             }
31        }
32        return;
33   }
34
35   void print_date( struct d * ptr1 ) {
36        // FORCED TO ERROR CHECK IN EVERY ROUTINE THAT DEALS WITH STRUCT D
37        if ( ptr1->year < 0 )   // make sure our year is valid{
38             printf("Invalid year encountered \n");
39             exit(-4);
40        }
41        if ( ptr1-> month < 1 || ptr1->month > 12 ) {
42             printf("Invalid month encountered \n");
43             exit(-5);
44        }
45        if ( ptr1->day > days_per_month[ptr1->month] || ptr1->day < 0 )  {
46                  printf("Invalid day encountered\n");
47                  exit(-6);
48        }
49        // only now that we have error checked the whole thing can we print
50        printf("%i of %s in %i\n",ptr1->day,months[ptr1->month],ptr1->year);
51        return;
52   }
53
```

```
1    Output From Running Program
2
3    25 of Dec in 1994
4    26 of Dec in 1994
5    Invalid month field, cannot print, exiting
6
```

```cpp
// struct2.cpp
#include <stdio.h>      // get access to printf
#include <stdlib.h>     // get access to exit

// the set_vals routine will deal with the zero indexing, we don't need a bogus entry for months[0]
char * months[12] =
{
    "January", "February", "March", "April", "May", "June",
    "July", "August", "September", "October", "November", "December"
};

// set_vals will deal with zero indexing, don't need a bogus entry in days_per_month[0]
int days_per_month[12] = { 31, 28, 31, 30, 31, 30, 31, 31, 30, 31, 30, 31 };

class d
{
    // only functions declared as part of class d are given access to
    // month, day or year fields of instances of the class
    private:
        int month, day, year;

    public:
        void set_vals(int,int,int);  // function to access fields
        void inc_date( void );       // function to increment date
        void print_date( void );     // function to print fields
};

main()
{
        // what will be the initial values for d1 and d2??
        d d1;                           // create an instance of an d

        // these statements are illegal in C++ because month day and year
        // are private elements of the struct d type of data
        // d1.month = 12;
        // d1.day = 25;
        // d1.year = 1994;

        // to set a date into d1, you have to use set_vals
        d1.set_vals(12,25,1994);    // apply the set_vals function to d1

        d1.print_date();                // display valid date using f2 function of the variable d1

        d1.inc_date();                  // move d1 ahead to the next date
        d1.print_date();                // display the new date

        // try to set an invalid date into d1, it won't work!
        d1.set_vals(123,456,-987);
        d1.print_date();                // display valid date
}
```

44

```
1
2    // this function does NOT HAVE TO ERROR CHECK because there is no
3    // way for an instance of type class d to get into an invalid state
4    void d::inc_date()
5    {
6            NO ERROR CHECKING REQUIRED HERE!!
7        this->day++;
8        if ( this->day > days_per_month[this->month] )
9        {
10           this->day = 1;
11           this->month++;
12           if ( this->month > 12 )
13           {
14                this->month = 0;
15                this->year++;
16           }
17       }
18       return;
19   }
20
21   // this function does not have to error check because there is no way
22   // for a struct d instance to get invalid values
23   void d::print_date( )
24   {
25           NO ERROR CHECKING REQUIRED HERE!!!
26       printf("%i of %s in %i\n",this->day,months[this->month],this->year);
27       return;
28   }
29
```

```
1    // void is the return type
2    // set_vals is the name of the function
3    // a,b, and c are the expected parameters
4    // we want to identify that this code is the code that implements the
5    // function set_vals for the struct d data type, the d:: does this
6
7    return    class      function              argument
8    type      name       name                  list
9
10
11
12
13
14
15   void d::set_vals(int a, int b, int c )
16   {
17       printf("Setvals got %i %i %i \n",a,b,c);
18       // when called via a call like d1.set_vals(1,2,3)
19       // C++ creates a pointer, "this", which is local to this subroutine
20       // this, in the call d1.set_vals(1,2,3) will end up with the addr of d1
21       // if set_vals were called via a call like d2.set_vals(3,4,5)
22       // then this would take on the address of d2
23       if ( c < 0 )  // make sure our year is valid
24          {
25              printf("Invalid year encountered\n");
26              exit(-1);
27          }
28
29       // make sure our month is valid
30       if ( a < 1 || a > 12 )
31          {
32              printf("Invalid month encountered\n");
33              exit(-2);
34          }
35
36       // make sure our day is valid
37       if ( b > days_per_month[a - 1] || b < 1 )
38          {
39              printf("Invalid day encountered\n");
40              exit(-3);
41          }
42
43       // if we get to here, then all the values checked out
44       this->month = a - 1;  // account for array indexing starting at 0
45       this->day   = b;
46       this->year  = c;
47   }
48
```

```
1    Output From Running Program
2
3    Setvals got 12 25 1994
4    25 of December in 1994
5    26 of December in 1994
6
7    Setvals got 123 456 -987
8    Invalid year encountered
9
```

```cpp
// strctev1.cpp
// Now that we have seen the 2 rudiments of the class keyword,
// the private and public sections, let's examine, in a somewhat exhuastive
// manner, the rules, features, usage of and ramifications of the public,
// private and protected sections of a class

// A C++ class may have up to three sections:
//        public    protected            private

// each of these sections has different properties with respect
// to the visibility of data fields and member functions
// Let's examine the visibility of data fields first
// There are two locations where a data field's visibility needs to be checked
// First, within the code of a member function of the class
// Second, within the code found in main, code that is NOT IN A MEMBER FUNCTION i.e. in main
#include <stdio.h>

class abc
{
    public:
        int a;                    // public data, visible everywhere
        void set_vals(int,int,int); // public member function
    protected:
        int b;                    // protected data, visible only in member functions
    private:
        int c;                    // private data, visible only in member functions
};

void abc::set_vals(int A, int B, int C)
{
    printf("Address of bound object is %x \n",this);
    printf("Before setting: a = %i \t b = %i \t c = %i \t \n", a,b,c);
    this->a = A;                  // public    data visible to member function
    this->b = B;                  // protected data visible to member function
    this->c = C;                  // private   data visible to member function
    printf("After setting: a = %i \t b = %i \t c = %i \t \n", a,b,c);
}

main()
{
    abc a1;                       // create an instance of an abc, don't know what initial values will be

    // a is a public data field, this line will compile
    a1.a = 1;                     // attempt to individually assign values

    // b is a protected data field, this line WILL NOT compile
    // a1.b = 2;                  // if you uncomment this line you will see compiler error message
    // abc::b is not accessible in function main()

    // c is a private data field, this line WILL NOT compile
    // a1.c = 3;                  // if you uncomment this line you will see compiler error message
    // abc::c is not accessible in function main()


```

48

```
 1
 2        a1.set_vals(5,6,7);     // this is how I could set the values of fields a b and c in a1 of class abc
 3
 4        // What if I tried to create another variable a2 of type abc?
 5        // The question is, from this location, within main, not within
 6        // the code of a member function, can I provide intial values?
 7             // WITH WHAT WE KNOW NOW??
 8        // NO.  The field c is a private data element, therefore I cannot
 9        // directly address it from here
10
11        // Question?  Am I then prevented from providing initial values for an instance of a variable?
12        // NO.  See the next program for Constructor code
13        // this line will not compile
14        // abc a2 = { 5,6,7 };    // create another instance of an abc
15        // if you uncomment this line you will see compiler error message
16        // Classes cannot be initialized with {} in function main()
17    }
18
19   Output From Running Program
20
21   Address of bound object is fff0
22   Before setting:    a = 1     b = 314  c = 1456
23   After setting:     a = 5     b = 6     c = 7
24
25
```

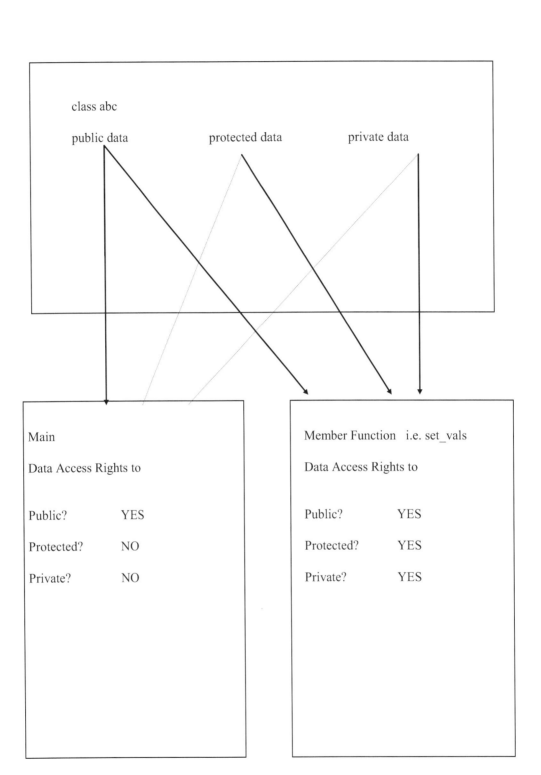

class abc

public data   protected data   private data

Main

Data Access Rights to

Public?   YES

Protected?   NO

Private?   NO

Member Function   i.e. set_vals

Data Access Rights to

Public?   YES

Protected?   YES

Private?   YES

```cpp
1    // strctev2.cpp
2    // the previous program raised the question about how do we assign initial
3    // values to an instance of a class at initialization time?
4    // this program introduces the CONSTRUCTOR code
5
6    #include <stdio.h>
7
8    class abc
9    {
10       public:
11           int a;                    // public data, visible everywhere
12           void set_vals(int,int,int);  // public member function to assign
13                                      // values to an existing variable
14           // the name of the CONSTRUCTOR function must match the name of
15           // the class, the implied, default and in fact only possible
16           // return type for a CONSTRUCTOR function is a variable of the
17           // class to which the constructor function belongs
18           abc(int,int,int);         // public member function to assign
19                                      // values to a variable being  created  CONSTRUCTOR FUNCTION
20           void print_vals();        // public member function to print all three fields
21       protected:
22           int b;                    // protected data, visible only in member functions
23       private:
24           int c;                    // private data, visible only in member functions
25    };
26
27    // the return type is implied, defaulted, and fixed to be of type abc
28    // no return statement is used,  the use of "this" is not employed
29    class      function         argument
30    name       name             list
31
32
33
34
35   abc::abc(int A, int B, int C )
36    {
37        // This is the ideal location to do error checking of initial values
38        // see a subsequent program for this option
39        a = A;                    // assign to the public    field
40        b = B;                    // assign to the protected field
41        c = C;                    // assign to the private   field
42    }
43
44   void abc::set_vals(int A, int B, int C)
45    {
46        // this is also a very good place to do error checking of update values
47        // this will be done in a subsequent program
48        // NOTICE that this subroutine uses the this pointer, the subroutine
49        // above took advantage of "implied this" and saved typing this->
50        // for each field
51        this->a = A;              // public    data visible to member function
52        this->b = B;              // protected data visible to member function
53        this->c = C;              // private   data visible to member function
54    }
55
```

```
1    void abc::print_vals()
2    {
3         printf("a = %i \t b = %i \t c = %i \n",this->a, this->b, this->c);
4    }
5
6    main()
7    {
8         // Now I try to create a2 and assign initial values to all three
9         // fields.  The function abc, which is a member function of the class
10        // abc and which expects three integer arguments, will be called
11        // Because abc(int,int,int) is a member function, it has access to
12        // all three fields
13        abc a2(5,6,7);          // create an instance of an abc class object giving three integers as arguments
14        a2.print_vals();
15
16        // abc a1;              // this line is now a problem
17        // in the previous program, I provided NO CONSTRUCTOR
18        // therefore C++ provided one for me
19        // that DEFAULT NO ARGUMENT CONSTRUCTOR simply allocated the memory
20        // for the variables
21        // Now that I have provided a constructor function, I HAVE TO USE IT
22        // the line
23        // abc a1;
24        // says to build an abc but it doesn't provide
25        // the three integers that I said I would use to build one
26        // SO what do you do?  See the next program
27    }
28
29   Output From Running Program
30   a = 5     b = 6     c = 7
31
```

52

```cpp
1    // strctev3.cpp
2    // the previous program introduced a three argument constructor for the abc
3    // class.  We saw that this produced a problem, it caused the default no
4    // argument constructor to become unavailable for our usage.
5    // BUT what if WE WANTED a no argument constructor AND a three arguement constructor?
6    // IN C++ we can have two functions with the same name be members of the
7    // same class as long as they have different arguement lists
8    // So in this program, I give two functions named abc
9    // one is abc(int,int,int)
10   // the other is abc(void)
11   // both of these are CONSTRUCTOR functions
12   // one is called when we give three integers when creating an abc
13   // the other is called when we give NO arguments when creating an abc
14   #include <stdio.h>              // get access to printf
15   #include <iostream.h>           // get access to cout
16
17   class abc
18   {
19       public:
20           int a;                  // public data, visible everywhere
21           void set_vals(int,int,int); // public member function to assign
22                                   // values to an existing variable
23       // there are two functions with the name abc
24       // they can be told apart by their argument lists
25           abc(int,int,int):       // THREE ARGUMENT CONSTRUCTOR
26                                   // public member function to assign values to a variable being
27                                   // created  CONSTRUCTOR FUNCTION
28           abc(void):              // ZERO ARGUMENT CONSTRUCTOR
29           void print_vals();      // public member function to print all three fields
30       protected:
31           int b;                  // protected data, visible only in member functions
32       private:
33           int c;                  // private data, visible only in member functions
34   };
35
36   // three argument constructor
37   abc::abc(int A, int B, int C )
38   {
39       // would do error checking here
40       cout << "Three Argument Constructor Called \n";
41       a = A;                      // assign to the public    field
42       b = B;                      // assign to the protected field
43       c = C;                      // assign to the private   field
44   }
45   // zero argument constructor
46   abc::abc()
47   {
48       // would do error checking here
49       cout << "NO ARGUMENT CONSTRUCTOR CALLED \n";
50       a = 1;                      // I just decided to put these three values into the fields
51       b = 2;                      // since you get to write the constructor, you get to decide what
52       c = 3;                      // initial values go in fields that otherwise would be set by the system
53   }
54
```

```
1    void abc::set_vals(int A, int B, int C)
2    {
3        // would do error checking here
4        this->a = A;                      // public    data visible to member function
5        this->b = B;                      // protected data visible to member function
6        this->c = C;                      // private   data visible to member function
7    }
8
9    void abc::print_vals()
10   {
11       // No need to do any error checking in this routine because all three avenues of approach
12       // to an instance of an abc,   abc(int,int,int)    abc()   set_vals(int,int,int)   would be protected
13       // by error checking
14       printf("a = %i \t b = %i \t c = %i \n",this->a, this->b, this->c);
15   }
16
17   main()
18   {
19       abc a1;                            // this line is no longer a problem
20                                          // because we have a zero argument constructor in this application
21
22       a1.print_vals();                   // show the initial values we assigned
23       a1.set_vals(10,20,30);             // call the member function
24       a1.print_vals();                   // show the new values
25
26       // this line will also work because we have a three argument
27       // constructor for the class abc
28       abc a2(5,6,7):                     // create another instance of an abc
29       a2.print_vals();                   // show its initial values
30       a2.set_vals(-34,21,-98234);        // call the member function
31       a2.print_vals();                   // show the new values
32   }
33
34   Output From Running Program
35
36   NO ARGUMENT CONSTRUCTOR CALLED
37   a = 1    b = 2    c = 3
38   a = 10   b = 20   c = 30
39
40   Three Argument Constructor Called
41   a = 5    b = 6    c = 7
42   a = -34  b = 21   c = -98234
43
44
```

```
1   // strctev4.cpp
2   // the previous program introduced polymorphic constructors
3   // this program introduces EFFICIENT constructors
4
5   #include <stdio.h>
6   #include <iostream.h>
7
8   class abc
9   {
10      public:
11          int a;                   // public data, visible everywhere
12          void set_vals(int,int,int);  // public member function to assign values to an existing variable
13
14          // Three argument constructor
15          abc(int,int,int);
16
17          // Zero argument constructor
18          abc(void);
19
20          void print_vals();
21
22      protected:
23          int b;                   // protected data, visible only in member functions
24
25      private:
26          int c;                   // private data, visible only in member functions
27   };
28
29   // this constructor uses INVOCATION LINE INITIALIZATION
30   // all the memory for an instance of class abc is allocated before the first
31   // executable statement of the constructor is performed
32   // By using the a(A) syntax after the colon on the invocation line
33   // the value of A is passed to the built in one arg C++ integer constructor
34   // This is more efficient than assigning the value of A to a inside the
35   // constructor code because if you don't say a(A) then the no arg C++
36   // constructor is called and you are forced to do a = A.  That is two steps
37   // instead of one.  It's like ordering a car, taking whatever color they send
38   // you and then painting it red.  If you wanted a red car, why didn't you
39   // order a red car?
40
41   // C++ provides one arg constructors for all predefined types
42   // C++ provides on arg constructors for all user defined types
43   // As soon as you provide any constructor for a user defined type, the C++ no arg constructor goes away
44
45
```

```cpp
1
2                              // this is the efficient method to initialize
3
4      set variable a to value A    set variable b to value B    set variable c to value C
5      by using C++ built in        by using C++ built in        by using C++ built in
6      one arg integer              one arg integer              one arg integer
7      constructor                  constructor                  constructor
8
9
10
11
12
13
14
15
16
17     abc::abc(int A, int B, int C ) : a(A), b(B), c(C)
18     {
19           cout << "Three Argument Constructor Called \n";
20           // this would be the inefficient method
21           // a = A;      // system would have already assigned value to a, you would be re-assigning a value
22           // b = B;
23           // c = C;
24     }
25
26     // the more efficient INVOCATION LINE INITIALIZATION method for the no arg constructor
27     // The ramifications of this type of initialization are small when you
28     // just have pre-defined data types as the fields in your class
29     // HOWEVER, when you have fields that themselves are classes, then the
30     // ramifications can be quite large.
31     abc::abc() : a(1), b(2), c(3)
32     {
33           cout << "NO ARGUMENT CONSTRUCTOR CALLED \n";
34           // a = 1;      // this is the inefficient way
35           // b = 2;
36           // c = 3;
37     }
38
39     // this is NOT a constructor function, therefore it CANNOT do invocation line
40     // initialization.  Invocation line initialization is reserved for constructors
41     void abc::set_vals(int A, int B, int C)
42     {
43           this->a = A; // public    data visible to member function
44           this->b = B;  // protected data visible to member function
45           this->c = C;  // private   data visible to member function
46     }
47
48     void abc::print_vals()
49     {
50           printf("a = %i \t b = %i \t c = %i \n",this->a, this->b, this->c);
51     }
52
```

```
1    main()
2    {
3        abc a1;                         // INVOKE THE ZERO ARGUMENT CONSTRUCTOR
4
5        a1.print_vals();               // show the initial values the constructor
6                                       // assigned to the instance a1 of class abc
7        a1.set_vals(10,20,30):          // call the member function
8        a1.print_vals();               // show the new values
9
10       abc a2(5,6,7):                  // INVOKE THE THREE ARGUMENT CONSTRUCTOR
11
12       a2.print_vals();               // show initial values
13       a2.set_vals(-34,21,-98234);    // call the member function
14       a2.print_vals();               // show the new values
15
16   }
17
18
19   Output From Running Program
20
21   NO ARGUMENT CONSTRUCTOR CALLED
22   a = 1    b = 2    c = 3
23   a = 10   b = 20   c = 30
24
25   Three Argument Constructor Called
26   a = 5    b = 6    c = 7
27   a = -34  b = 21   c = -98234
28
```

```
abc::abc(int A, int B, int C ) : a(A) , b(B), c(C)
{

             efficient way to initialize




}

memory for the three ints is allocated here.
We provide initial values.
This is analogous to saying   int a = A    int b = B;    int c = C;
                              when the integers are declared
```

```
abc::abc(int A, int B, int C)
{
a = A;                // you are resetting initial value provided by C++ no arg int constructor
ib = B;               // again, you are re-assigning a value into b
c = C;                // Too late, you are slow, you are bad, you are an
                             INEFFICIENT PROGRAMMER


why would you write:

int a;
a = 5;

when you could write

int a = 5;
```

```
 1   // static1.cpp
 2   // classes can have STATIC variables
 3   // A static variable is SHARED amongst all instances of variables of that class
 4   // The static variable should not be initialized in the constructor of a class
 5   // because every object that is created would then be initializing the shared variable
 6
 7   // The shared variable should be initialized just before you start main
 8   // The shared variable still obeys the public, protected, private rules of any other variable
 9
10   // Shared variables are very useful for tracking how many objects were created
11   // for determining how many times some subroutine was called and so on
12   // for sharing information amongst every instance of a user defined type
13
14   #include <iostream.h>
15
16   class abc
17   {
18       public:
19           abc();                       // no arg constructor
20           void print_vals();
21       private:
22           static int num_of_abcs;          // static variable, private data, only visible to members
23                                            // will keep track of how many abcs are created
24
25           int a,b,c;                       // private data, visible only in member functions
26   };
27
28   abc::abc()
29   {
30       cout << "No arg constructor called\n";
31       cout << "Current value of num_of_abcs is " << num_of_abcs << endl;
32       num_of_abcs++;
33       a = 1 * num_of_abcs;                 // uses num_of_abcs to do something, your programs would
34       b = 2 * num_of_abcs;             // likely have more interesting uses of static data than does
35       c = 3 * num_of_abcs;                 // this teaching program
36   }
37
38   void abc::print_vals()
39   {
40       cout << "Values are: \n";
41       cout << "a " << a
42           << "  b " << b
43           << "  c " << c << endl;
44
45       cout << "static field num_of_abcs has: " << num_of_abcs << endl;
46   }
47
48   int abc::num_of_abcs = 0;                 // initialize the static data
49
```

```
1    main()
2    {
3        abc a1;        // create an instance of an abc
4        a1.print_vals();
5
6        abc a2;        // create a second one
7        a2.print_vals();
8
9        abc a3[4];      // create four more
10
11       for ( int i = 0; i < 4; i++ )
12            a3[i].print_vals();
13
14            // you could not do this, because num_of_abcs was declared as private data
15            // abc::num_of_abcs = 10;
16   }
17
18   Output From Running Program
19
20   No arg constructor called
21   Current value of num_of_abcs is 0
22   Values are:
23   a 1   b 2   c 3
24   static field num_of_abcs has: 1
25
26   No arg constructor called
27   Current value of num_of_abcs is 1
28   Values are:
29   a 2   b 4   c 6
30   static field num_of_abcs has: 2
31
32   No arg constructor called
33   Current value of num_of_abcs is 2
34   No arg constructor called
35   Current value of num_of_abcs is 3
36   No arg constructor called
37   Current value of num_of_abcs is 4
38   No arg constructor called
39   Current value of num_of_abcs is 5
40   Values are:
41   a 3   b 6   c 9
42   static field num_of_abcs has: 6
43   Values are:
44   a 4   b 8   c 12
45   static field num_of_abcs has: 6
46   Values are:
47   a 5   b 10   c 15
48   static field num_of_abcs has: 6
49   Values are:
50   a 6   b 12   c 18
51   static field num_of_abcs has: 6
52
53
```

```
1    // static2.cpp
2    // this program shows what happens if you initialize the shared variable
3    // in the constructor, which is the wrong place
4
5    #include <iostream.h>
6
7    class abc
8    {
9        public:
10            abc();                      // no arg constructor
11            void print_vals();
12        private:
13            static int num_of_abcs;     // static variable
14
15            int a,b,c;                  // private data, visible only in member functions
16    };
17
18   abc::abc()
19    {
20        num_of_abcs = 0;               // num_of_abcs will be set to zero by EVERY abc that is created
21        cout << "No arg constructor called\n";
22        cout << "Current value of num_of_abcs is " << num_of_abcs << endl;
23        a = 1 * num_of_abcs;
24        b = 2 * num_of_abcs;
25        c = 3 * num_of_abcs;
26    }
27
28   void abc::print_vals()
29    {
30        cout << "Values are: \n";
31        cout << "a " << a
32           << "  b " << b
33           << "  c " << c << endl;
34
35        cout << "static field num_of_abcs has: " << num_of_abcs << endl;
36    }
37
38   main()
39    {
40        abc a1;                         // create an instance of an abc, initializes num_of_abcs to zero
41        a1.print_vals();
42
43        abc a2;                         // create a second one, sets num_of_abcs back to zero
44        a2.print_vals();
45
46        abc a3[4];                      // create four more, each one sets num_of_abcs back to zero
47
48        for ( int i = 0; i < 4; i++ )
49            a3[i].print_vals();
50    }
51
```

```
1    Output From Running Program
2
3    No arg constructor called
4    Current value of num_of_abcs is 0
5    Values are:
6    a 0  b 0  c 0
7    static field num_of_abcs has: 0
8    No arg constructor called
9    Current value of num_of_abcs is 0
10   Values are:
11   a 0  b 0  c 0
12
13   static field num_of_abcs has: 0
14   No arg constructor called
15   Current value of num_of_abcs is 0
16   No arg constructor called
17   Current value of num_of_abcs is 0
18   No arg constructor called
19   Current value of num_of_abcs is 0
20   No arg constructor called
21   Current value of num_of_abcs is 0
22
23   Values are:
24   a 0  b 0  c 0
25   static field num_of_abcs has: 0
26   Values are:
27   a 0  b 0  c 0
28
29   static field num_of_abcs has: 0
30   Values are:
31   a 0  b 0  c 0
32
33   static field num_of_abcs has: 0
34   Values are:
35   a 0  b 0  c 0
36
37   static field num_of_abcs has: 0
38
39
```

```
1   // strctev5.cpp
2   // The constructor provides the perfect place to error check any values
3   // that someone might want to put into a variable of your defined type
4   // For example, in C, if you have a date data type, is there anything
5   // keeping someone from creating a data variable with the values -1/-2/-3 ?
6   // NO
7   // In C++, we will be able to perform error checking in the constructor
8
9   char * months[12] =
10  {
11      "January", "February", "March", "April", "May", "June", "July",
12      "August", "September", "October", "November", "December"
13  };
14
15  int days_per_month[12] = { 31, 28, 31, 30, 31, 30, 31, 31, 30, 31, 30, 31 };
16
17  #include <iostream.h>
18  #include <stdio.h>
19  #include <stdlib.h>
20
21  class date
22  {
23      public:
24          date(int,int,int);          // function with same name as data type is a CONSTRUCTOR
25          void print_date();          // function to display a date
26      private:
27          int month;                  // DOMAIN    1 - 12
28          int day;                    // DOMAIN  depends on month
29          int year;                   // DOMAIN    0 to whatever
30  };
31
32  main()
33  {
34      date d1(12,23,1993);            // this is valid, it will work
35      d1.print_date();
36
37      date d2(-1,-3,-4);              // this is an attempt to create an invalid
38                                      // instance of a date object, it will cause
39                                      // program termination because the constructor
40                                      // does error checking and the class designer
41                                      // decided that an attempt to create an invalid
42                                      // object was means for termination.  Softer
43                                      // approaches to error handling are up to the
44                                      // individual class designer.  That's part of
45                                      // the whole point of being able to write
46                                      // constructor code
47  }
48
```

```
1    // return type                        void
2    // complete function name            date::print_date
3    // argument list                     ()
4    void date::print_date()
5    {
6        cout << "In member_print_date \n";
7        cout << "  month is " << this->month <<
8            " day  is " << this->day <<
9            " year  is " << this->year << endl;
10   }
11
12   // return type                        none explicitly defined,  abc by definition
13   // complete function name            date::date
14   // argument list                     three integers for month, day, year
15   date::date(int m, int d, int y)
16   {
17       // no pointer "this" is available for this function
18       // because this function is creating the instance of the abc variable
19       // this function implicitly returns a variable of the abc type
20       cout << "The three argument constructor has been called " << endl;
21
22       // error check for a valid year, if the year is invalid
23       // TERMINATE the program.  If you were coding this constructor you
24       // may have chosen a softer approach to error handling, this is
25       // demonstrated in subsequent programs.
26       if ( y < 0 )
27       {
28           cout << "Your desired year " << y << " is invalid " << endl;
29           exit(-1);
30       }
31       if ( m < 1 || m > 12 )
32       {
33           cout << "Your desired month " << m << " is invalid " << endl;
34           exit(-2);
35       }
36       if ( d < 1 || d > days_per_month[m - 1] )
37       {
38           cout << "Your desired day " << d << " is invalid " << endl;
39           exit(-3);
40       }
41       // if we make it through all the checks assign the fields
42       day   = d;
43       month = m - 1;  // account for zero indexing
44       year  = y;
45       return;
46   }
47   Output From Running Program
48   The three argument constructor has been called
49   In member_print_date
50       month is 11       day is 23       year is 1993
51
52   The three argument constructor has been called
53   Your desired year  -4  is invalid
54
```

```
class date
public
        date            constructor
        print_date      display function

private
        month           only accessible through member functions
        day
        year

                        can't just assign values to these things
                        so
                        if you error check correctly at initialization time
                        and code your subroutines right
                        you don't have to error check anywhere else in program
```

```
        constructor

        error checks month


        error checks day


        error checks year



        assigns the values
```

```
        print_date subroutine

        no need to error check


        impossible to have invalid
        values in a date instance
```

```
 1   // strctev6.cpp
 2   // In strctev5.cpp, if the value the user wanted to put into the
 3   // date object to be constructed was invalid, we took drastic steps
 4   // and exited the program.  Perhaps we would like to allow the user
 5   // to re-enter the dates for an object of the class or perhaps we would
 6   // just like to assign known valid values, either of these approaches
 7   // has merits.  This program illustrates error checking loops in the constructor
 8
 9   char * months[12] =
10   {
11        "January", "February", "March", "April", "May", "June", "July",
12        "August", "September", "October", "November", "December"
13   };
14
15   int days_per_month[12] = { 31, 28, 31, 30, 31, 30, 31, 31, 30, 31, 30, 31 };
16
17   #include <iostream.h>
18   #include <stdio.h>
19   #include <stdlib.h>
20
21   class date
22   {
23        public:
24            date(int,int,int);            // function with same name as
25                                          // data type is a CONSTRUCTOR
26            void print_date();            // function to display a date
27        private:
28            int month;                    // DOMAIN     1 - 12
29            int day;                      // DOMAIN     depends on month
30            int year;                     // DOMAIN     0 to whatever
31   };
32
33   main()
34   {
35        date d1(12,23,1993);              // this is valid, it will work
36        d1.print_date();
37
38        date d2(-1,-3,-4);               // this is invalid, it will cause the error checking to be invoked
39        d2.print_date();
40   }
41
42   // return type                  void
43   // complete function name       date::print_date
44   // argument list                ()
45   void date::print_date()
46   {
47        // this is the pointer that has the address of the object that was BOUND to this call
48        cout << "In member_print_date \n";
49        cout << "  month is " << this->month <<
50             "  day   is " << this->day <<
51             "  year  is " << this->year << endl;
52   }
```

```
1    // return type                        none explicitly defined,  abc by definition
2    // complete function name             date::date
3    // argument list                      three integers for month, day, year
4    date::date(int m, int d, int y)  {
5         cout << "The three argument constructor has been called " << endl;
6         cout << "Input arguments were " << m << " " << d << " " << y << endl;
7         if ( y < 0 )
8         {
9             int tempy = y;      // create a local variable
10
11            while ( tempy < 0 )
12            {
13                cout << "Year " << tempy << " is invalid " << endl;
14                cout << "Please enter a year greater than 0 ";
15                cin  >> tempy;
16            }
17            cout << "Valid y of " << tempy << " accepted " << endl;
18            y = tempy;
19        }
20        if ( m < 1  || m > 12 ) {
21            int tempm = m;
22            while ( tempm < 1 || tempm > 12 )
23            {
24                cout << "Month " << tempm << " is invalid " << endl;
25                cout << "Please enter a month in the range 1 - 12 ";
26                cin >> tempm;
27            }
28            m = tempm;       // account for zero indexing
29            cout << "Valid m of " << tempm << " accepted " << endl;
30        }
31
32        if ( d < 1 || d > days_per_month[m - 1] )
33        {
34            int tempd = d;
35            while ( tempd < 1 || tempd > days_per_month[m - 1] )
36            {
37                cout << "Day " << tempd << " is invalid " << endl;
38                cout << "Please enter a day in the range 1 - "
39                    << days_per_month[m - 1] << " ";
40                cin >> tempd;
41            }
42            d = tempd;
43            cout << "Valid d of " << tempd << " accepted " << endl;
44        }
45
46        // once we make it through all the checks assign the fields
47        day   = d;              // could have been written this->day   = d
48        month = m -1;           // could have been written this->month = m
49        year  = y;              // could have been written this->year  = y
50        return;
51   }
```

Output From Running Program

The three argument constructor has been called
Input arguments were 12 23 1993
In member_print_date
month is 11 day is 23 year is 1993
The three argument constructor has been called
Input arguments were -1 -3 -4
Year -4 is invalid
Please enter a year greater than 0 Valid y of 45 accepted
Month -1 is invalid
Please enter a month in the range 1 - 12 Month 15 is invalid
Please enter a month in the range 1 - 12 Month -7 is invalid
Please enter a month in the range 1 - 12 Valid m of 3 accepted
Day -3 is invalid
Please enter a day in the range 1 - 31 Day 42 is invalid
Please enter a day in the range 1 - 31 Valid d of 12 accepted
In member_print_date
month is 2 day is 12 year is 45

---

date class object has constructor and print_date functions defined for it

constructor does error checking loops
no other routine has to do error checking because constructor ensures that
only valid instances of dates are created

Error Checking Loop
for year

Error checking loop
for month

Error checking loop
for days in month
Assign valid entries to date object

print_date
     no error checking

```
1    // strctev7.cpp
2    // We have already seen that it is possible to have a function with
3    // one name and two different argument lists.  This is known as
4    // a polymorphic function.  Can we have multiple polymorphic constructors?
5    // Yes!
6    // The program below will allow you create an instance of a date class variable
7    // by providing either no, one, two or three arguments.  Each of the
8    // constructors will either decide to do some error checking or to just
9    // assign some date to fill in the missing arguments.
10   // Notice that there is duplication of effort in the error checking.
11   // Perhaps we should consider making subroutines that all they do is error checking and allow
12   // the constructors to call these routines as they see fit.
13
14   // What your constructors would do would depend on you and your application
15   // Because you are writing the constructors for your class
16   // You can control what happens when a variable of your class is created
17   // This is a BIG ADVANTAGE of C++ over C
18
19   char * months[12] =
20   {
21        "January", "February", "March", "April", "May", "June", "July",
22        "August", "September", "October", "November", "December"
23   };
24
25   int days_per_month[12] = { 31, 28, 31, 30, 31, 30, 31, 31, 30, 31, 30, 31 };
26
27   #include <iostream.h>
28   #include <stdio.h>
29   #include <stdlib.h>
30
31   class date
32   {
33        public:
34            date();                  // zero  argument constructor
35            date(int);               // one   argument constructor
36            date(int,int);           // two   argument constructor
37            date(int,int,int);       // three argument constructor
38
39            void print_date();       // function to display a date
40        private:
41            int month;               // DOMAIN     1 - 12
42            int day;                 // DOMAIN     depends on month
43            int year;                // DOMAIN     0 to whatever
44   };
45
```

```
1    main()
2    {
3        date d1;                    // create a var d1 of type date specifying no args
4        d1.print_date();
5
6        date d2(1994);              // create a var d2 of type date specifying one arg
7        d2.print_date();
8
9        date d3(3,1994);           // create a var d3 of type date specifying two args
10       d3.print_date();
11
12       date d4(3,1,1994);         // create a var d4 of type date specifying three args
13       d4.print_date();
14   }
15
```

```
1    // return type                    void
2    // complete function name         date::print_date
3    // argument list                  ()
4    void date::print_date()
5    {
6          cout << "In member_print_date \n";
7          cout << "  month is " << this->month <<
8                " day  is " << this->day <<
9                " year  is " << this->year << endl << endl;
10   }
11
12   // no argument constructor, no error checking required, just assign some date
13   date::date()
14   {
15         cout <<"Welcome to the no arg constructor " << endl;
16         // this is the implementation of the no arg constructor
17         // I have decided to put in today's date
18         // so however your system retrieves the system date let's assume
19         // those values ended up in the variable m,d,y okay?
20         int m = 6, d = 6, y = 1944;
21         month = m;     day = d;        year = y;
22   }
23
24   // one argument constructor, error checking for the year implemented
25   date::date(int y)
26   {
27         // this is the one argument constructor
28         // I have decided to interpret the one arg as the year
29         // I have decided to error check it
30         // I have decided to set the day and month to January first
31         // Why, because I felt like it, you might decide to do something
32         // different, that's the whole point of constructors
33         // You get to decide on the initial values, not the system or someone
34         // else, you get to be in control
35         cout << "The one argument constructor has been called " << endl;
36         if ( y < 0 )
37         {
38               int tempy = y;     // create a local variable
39
40               while ( tempy < 0 )
41               {
42                     cout << "Year " << tempy << " is invalid " << endl;
43                     cout << "Please enter a year greater than 0 ";
44                     cin >> tempy;
45               }
46               cout << "Valid y of " << tempy << " accepted" << endl;
47               y = tempy;
48         }
49         month = 1;
50         day = 1;
51         year = y;
52   }
53
```

```
1     // two argument constructor with error checking
2     date::date(int m, int y)
3     {
4         // this is the two argument constructor
5         // I have decided to interpret the second arg as the year
6         // I have decided to interpret the first arg as the month
7         // I have decided to error check them both
8         // I have decided to set the day to the first of the month
9         cout << "The two argument constructor has been called " << endl;
10        if ( y < 0 )
11        {
12            int tempy = y;      // create a local variable
13
14            while ( tempy < 0 )
15            {
16                cout << "Year " << tempy << " is invalid " << endl;
17                cout << "Please enter a year greater than 0 ";
18                cin >> tempy;
19            }
20            cout << "Valid y of " << tempy << " accepted" << endl;
21            y = tempy;
22        }
23        if ( m < 1 || m > 12 )
24        {
25            int tempm = m;
26            while ( tempm < 1 || tempm > 12 )
27            {
28                cout << "Month " << tempm << " is invalid " << endl;
29                cout << "Please enter a month in the range 1 -12 ";
30                cin >> tempm;
31            }
32            cout << "Valid m of " << tempm << " accepted" << endl;
33            m = tempm;
34        }
35        month = m;
36        day = 1;
37        year = y;
38    }
39
```

```
1     // three argument constructor with error checking
2     date::date(int m, int d, int y)
3     {
4          cout << "The three argument constructor has been called " << endl;
5          if ( y < 0 )
6          {
7               int tempy = y;      // create a local variable
8
9               while ( tempy < 0 )
10              {
11                   cout << "Year " << tempy << " is invalid " << endl;
12                   cout << "Please enter a year greater than 0 ";
13                   cin  >> tempy;
14              }
15              cout << "Valid y of " << tempy << " accepted" << endl;
16              y = tempy;
17         }
18         if ( m < 1  || m > 12 )
19         {
20              int tempm = m;
21              while ( tempm < 1 || tempm > 12 )
22              {
23                   cout << "Month " << tempm << " is invalid " << endl;
24                   cout << "Please enter a month in the range 1 -12 ";
25                   cin >> tempm;
26              }
27              cout << "Valid m of " << tempm << " accepted" << endl;
28              m = tempm;
29         }
30         if ( d < 1 || d > days_per_month[m - 1] )
31         {
32              int tempd = d;
33              while ( tempd < 1 || tempd > days_per_month[m - 1] )
34              {
35                   cout << "Day " << tempd << " is invalid " << endl;
36                   cout << "Please enter a day in the range 1 - "
37                        << days_per_month[m - 1] << " ";
38                   cin >> tempd;
39              }
40              cout << "Valid d of " << tempd << " accepted" << endl;
41              d = tempd;
42         }
43
44         // once we make it through all the checks assign the fields
45         day   = d;             // this->day   = d
46         month = m;             // this->month = m
47         year  = y;             // this->year  = y
48         return;
49    }
```

Output From Running The Program

Welcome to the no arg constructor
In member_print_date
month is 6 day is 6 year is 1944

The one argument constructor has been called
In member_print_date
month is 1 day is 1 year is 1994

The two argument constructor has been called
In member_print_date
month is 3 day is 1 year is 1994

The three argument constructor has been called
In member_print_date
month is 3 day is 1 year is 1994

One Arg Constructor

Error Checking Loop For Year

Two Arg Constructor

Error Checking Loop For Year

Error Checking Loop For Month

Three Arg Constructor

Error Checking Loop For Year

Error Checking Loop for Month

Error Checking Loop For Days

```
1   // strctev8.cpp
2   // Does polymorphism apply only to constructors for a data type?  No.
3   // This program has the same four constructors as strctev7.cpp but it
4   // also has three print_date routines
5   // To save space, I have removed the error checking code for the constructors
6   // in this application
7
8   char * months[12] =
9   {
10       "January", "February", "March", "April", "May", "June", "July",
11       "August", "September", "October", "November", "December"
12   };
13
14   int days_per_month[12] = { 31, 28, 31, 30, 31, 30, 31, 31, 30, 31, 30, 31 };
15
16   #include <iostream.h>
17   #include <stdio.h>
18   #include <stdlib.h>
19
20   class date
21   {
22       public:
23           date();                 // no   argument constructor
24           date(int);              // one   argument constructor
25           date(int,int);          // two   argument constructor
26           date(int,int,int);      // three argument constructor
27
28           void print_date();      // function to display a date
29           void print_date(int);   // how many times to print date before printing the date
30                                   // also print month instead of month #
31           void print_date(char*); // string to be displayed with date
32       private:
33           int month;              // DOMAIN    1 - 12
34           int day;                // DOMAIN    depends on month
35           int year;               // DOMAIN    0 to whatever
36   };
37
38   main()
39   {
40       date d1;                 // create a var d1 of type date specifying no args
41       d1.print_date( (int) 3); // call the one int arg print_date func
42       d1.print_date();         // call the no arg print_date function
43       d1.print_date("Today's date is "); // call the one char* arg func
44
45       date d2(1994);           // create a var d2 of type date specifying one arg
46       d2.print_date( (int) 4); // call the one int arg print_date func
47       d2.print_date();         // call the no arg print_date function
48       d2.print_date("Au'jour d'hui c'est "); // call the one char* arg func
49
50       date d3(3,1994);         // create a var d3 of type date specifying two args
51       d3.print_date(3);
52       d3.print_date();
53       d3.print_date("nichi wa ")
```

```
1          date d4(3,1,1994);                    // create a var d4 of type date specifying three args
2          d4.print_date(7);
3          d4.print_date();
4          d4.print_date("Hoyte ist ");
5      }
6
7      // return type                   void
8      // complete function name        date::print_date
9      // argument list                 ()
10     void date::print_date()
11     {
12         cout << "In print_date \n";
13         cout << " month is " << this->month <<
14             " day  is " << this->day <<
15             " year  is " << this->year << endl << endl;
16     }
17
18     // return type                   void
19     // complete function name        date::print_date
20     // argument list                 (one integer )
21     void date::print_date(int x)
22     {
23         cout << "In print_date(int) \n";
24
25         for ( int i = 0; i < x; i++ )
26             cout << months[this->month -1] << " " << this->day
27             << " " << this->year << endl;
28     }
29
30     // return type                   void
31     // complete function name        date::print_date
32     // argument list                 ( one pointer to character )
33     void date::print_date(char * s)
34     {
35         cout << "In print_date(char * ) \n";
36         cout << s << months[this->month -1] << " " << this->day
37            << " " << this->year << endl << endl;
38     }
39
40     the four date constructors are identical to strctev7.cpp
41     date::date()
42     date::date(int y)
43     date::date(int m, int y)
44     date::date(int m, int d, int y)
45
```

```
1    Output From Running Program
2
3    In print_date(int)
4    July 22 1961
5    July 22 1961
6    July 22 1961
7    In print_date
8    month is 7  day  is 22  year  is 1961
9
10   In print_date(char * )
11   Today's date is July 22 1961
12
13   In print_date(int)
14   January 1 1994
15   January 1 1994
16   January 1 1994
17   January 1 1994
18   In print_date
19   month is 1  day  is 1  year  is 1994
20
21   In print_date(char * )
22   Au'jour d'hui c'est January 1 1994
23
24   In print_date(int)
25   March 1 1994
26   March 1 1994
27   March 1 1994
28   In print_date
29   month is 3  day  is 1  year  is 1994
30
31   In print_date(char * )
32   nichi wa March 1 1994
33
34   In print_date(int)
35   March 1 1994
36   March 1 1994
37   March 1 1994
38   March 1 1994
39   March 1 1994
40   March 1 1994
41   March 1 1994
42   In print_date
43   month is 3  day  is 1  year  is 1994
44
45   In print_date(char * )
46   Hoyte ist March 1 1994
47
48
49
```

```
1    // strctev9.cpp
2    // Each of the constructors in strctev7.cpp did similar error checking
3    // Wouldn't it make sense to have common routines that could error check for
4    // the year, month or day fields that any of the constructors could call?
5    // Also, wouldn't those functions be useful to the set_vals routines?
6    // Yes.  This program shows that constructors can call subroutines
7    // Note that these subroutines aren't member functions of the date class
8    // They are regular subroutines like you are used to from C
9    // They DO NOT have an object bound to them
10   // Maybe they SHOULD be member functions.  Does anyone else have any need to call these functions?
11   // If no one else has a need to call them, then they should be member functions, furthermore,
12   // they should be PRIVATE member functions that can only be called by other member functions.
13
14   int get_year(int);          // accept a year, error check it, return valid year
15   int get_month(int);         // accept a month, error check it, return valid month
16   int get_day(int,int);       // accept a day and month, error check day, return
17
18   char * months[12] =
19   {
20       "January", "February", "March", "April", "May", "June", "July",
21       "August", "September", "October", "November", "December"
22   };
23   int days_per_month[12] = { 31, 28, 31, 30, 31, 30, 31, 31, 30, 31, 30, 31 };
24   #include <iostream.h>
25   #include <stdio.h>
26   #include <stdlib.h>
27
28   class date
29   {
30       public:
31           date();                 // no   argument constructor
32           date(int);              // one  argument constructor
33           date(int,int);          // two  argument constructor
34           date(int,int,int);      // three argument constructor
35
36           void print_date();      // function to display a date
37       private:
38           int month;              // DOMAIN     1 - 12
39           int day;                // DOMAIN     depends on month
40           int year;               // DOMAIN     0 to whatever
41   };
42   main()
43   {
44       date d1;                    // no arg constructor invoked
45       d1.print_date();
46       date d2(1994);              // call 1 arg constructor, valid values
47       d2.print_date();
48       date d3(-3,1994);           // call 2 arg constructor, invalid values
49       d3.print_date();
50       date d4(-3,121,-9);         // call 3 arg constructor, invalid values
51       d4.print_date();
52   }
```

```
 1    void date::print_date()
 2    {
 3        cout << " month is " << this->month <<
 4            " day  is " << this->day <<
 5            " year  is " << this->year << endl << endl;
 6    }
 7
 8    // The three error checking logic loops are made into seperate routines that can be
 9    // called from the constructors, this has the effect of making the overall
10    // amount of code smaller since the error checking doesn't have to be repeated
11    // in each of the constructors.  It does make it slower however, because there
12    // is the additional overhead of additional functional calls from within the
13
14    // Does it make sense to have these error checking subroutines visible to the
15    // user of the class which you are designing?  Perhaps not.
16    // In the next program, strct11.cpp, We show how these routines can be
17    // HIDDEN from the casual user but left visible to the class designer
18
19    int get_year(int y)
20    {
21        if ( y < 0 )
22        {
23            int tempy = y;     // create a local variable
24
25            while ( tempy < 0 )
26            {
27                cout << "Year " << tempy << " is invalid " << endl;
28                cout << "Please enter a year greater than 0 ";
29                cin >> tempy;
30            }
31            cout << "Valid y of " << tempy << " accepted" << endl;
32            y = tempy;
33        }
34        return(y);
35    }
36
37    int get_month(int m)
38    {
39        if ( m < 1 || m > 12 )
40        {
41            int tempm = m;
42            while ( tempm < 1 || tempm > 12 )
43            {
44                cout << "Month " << tempm << " is invalid " << endl;
45                cout << "Please enter a month in the range 1 -12 ";
46                cin >> tempm;
47            }
48            cout << "Valid m of " << tempm << " accepted" << endl;
49            m = tempm;
50        }
51        return(m);
52    }
53
```

```
1    int get_day(int d, int desired_month)
2    {
3        if ( d < 1 || d > days_per_month[desired_month - 1] )
4        {
5            int tempd = d;
6            while ( tempd < 1 || tempd > days_per_month[desired_month - 1])
7            {
8                cout << "Day " << tempd << " is invalid " << endl;
9                cout << "Please enter a day in the range 1 - "
10                   << days_per_month[desired_month - 1] << " ";
11               cin >> tempd;
12           }
13           cout << "Valid d of " << tempd << " accepted" << endl;
14           d = tempd;
15       }
16       return d;
17   }
18
19   date::date()
20   {
21       cout <<"Welcome to the no arg constructor " << endl;
22       int m = 7, d = 22, y = 1961;
23       month = m;      day = d;      year = y;
24   }
25
26   date::date(int y)
27   {
28       cout << "The one argument constructor has been called " << endl;
29       year = get_year(y);          // pass in the desired y, get a good one back
30       month = 1;                   // arbitrarily assign a month
31       day = 1;                     // arbitrarily assign a day
32   }
33
34   date::date(int m, int y)
35   {
36       cout << "The two argument constructor has been called " << endl;
37       year = get_year(y);          // pass the desired y, get a good one back
38       month = get_month(m);        // pass the desired m, get a good one back
39       day = 1;                     // just arbitrarily assign a day
40   }
41
42   date::date(int m, int d, int y)
43   {
44       cout << "The three argument constructor has been called " << endl;
45       year = get_year(y);          // use the function that returns valid year
46       month = get_month(m);        // use function that returns checked month
47       day = get_day(d,month);      // use the error checked month
48       return;
49   }
```

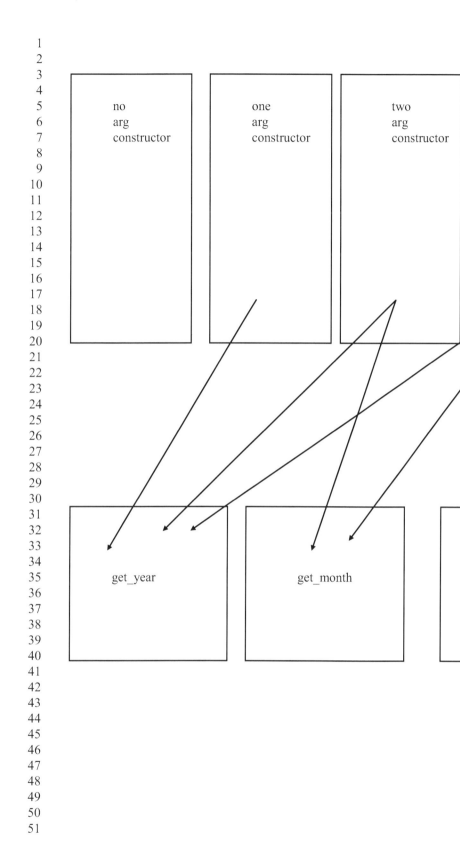

```
1    Output From Running Program
2
3    Welcome to the no arg constructor
4    month is 7  day  is 22  year  is 1961
5
6    The one argument constructor has been called
7    month is 1  day  is 1  year  is 1994
8
9    The two argument constructor has been called
10   Month -3 is invalid
11   Please enter a month in the range 1 -12 Valid m of 5 accepted
12   month is 5  day  is 1  year  is 1994
13
14   The three argument constructor has been called
15   Year -9 is invalid
16   Please enter a year greater than 0 Valid y of 1994 accepted
17   Month -3 is invalid
18   Please enter a month in the range 1 -12 Month 23 is invalid
19   Please enter a month in the range 1 -12 Month -9 is invalid
20   Please enter a month in the range 1 -12 Month 24 is invalid
21   Please enter a month in the range 1 -12 Valid m of 12 accepted
22   Day 121 is invalid
23   Please enter a day in the range 1 - 31 Valid d of 23 accepted
24   month is 12  day  is 23  year  is 1994
25
26
27
```

```
// destrct1.cpp
// this program illustrates the destructor
// you write a destructor when you want to control how memory is deallocated for a class you created
// Most of the time, the default deallocation is fine
// However, if your class is pointing to a shared page of memory,
// there are issues concerning whether the deallocation of this object
// should cause the deallocation of the shared page or should only the
// deallocation of the last object of that class type cause the deallocation
// of the page.  There are other issues as well.

#include <iostream.h>

class abc
{
    private:
        int a,b,c;
    public:
        abc();   // the constructor function, name same as class
        ~abc(); // the destructor function   notice the   ~
};

// This is the constructor function, its name matches the name of the class
abc::abc()
{
    cout << "The no arg constructor was invoked\n";
    a = b = c = 1;
}

// This is the destructor function, its name matches the name of the class and is preceeded
// by a tilde   ~
abc::~abc()
{
    cout << "The no arg DESTRUCTOR was invoked \n";

    // I'm not doing anything special because I'm not pointing at
    // anything shared, I will just allow the system to deallocate
    // the three integers, a,b,c in whatever way it sees fit
}

main()
{
    abc a1;        // this will cause the constructor to be called

}      // having the program go out of scope will cause the destructor
       // to be invoked.  We VERY RARELY call the destructor functions
       // we just let them happen when they're supposed to happen, i.e.
       // when a variable or object goes out of scope

Output From Running Program

The no arg constructor was invoked          constructor called when var created
The no arg DESTRUCTOR was invoked           destructor called when var goes
                                            out of scope
```

```cpp
1   // destrct2.cpp
2   // this program shows multiple scopes and when things go out of scope
3   #include <iostream.h>
4
5   class abc
6   {
7       private:
8           int a,b,c;
9       public:
10          abc();   // the constructor function, name same as class
11          ~abc(); // the destructor function   notice the   ~
12  };
13
14  // constructor function, called when instances of abcs are created
15  abc::abc()
16  {
17      cout << "The no arg constructor was invoked\n";
18      a = b = c = 1;
19  }
20
21  // destructor function, called when instances of abcs are destroyed, mostly by going out of scope
22  abc::~abc()
23  {
24      cout << "The no arg DESTRUCTOR was invoked \n";
25
26          // I'm not doing anything special because I'm not pointing at
27          // anything shared, I will just allow the system to deallocate
28          // the three integers, a,b,c in whatever way it sees fit
29          // maybe in your program, you care about what order they are deleted in or
30          // maybe you want to dump the values to an audit file before destroying them
31          // that's the point of a destructor, you can do things when variables are being destroyed
32  }
33
```

```
1    main()
2    {
3            cout << "Before abc a1";
4            abc a1;          // this will cause the constructor to be called
5            cout << "After abc a1\n";
6
7            {
8                    cout << "\tA new scope has started\n";
9                    cout << "\tBefore abc a2   ";
10                   abc a2;
11                   cout << "\tAfter abc a2   ";
12           }    // a2 will go out of scope here, the no arg destructor will be called
13           cout << "\tThe scope with a2 just exited\n";
14
15           {
16                   cout << "\tAnother new scope just started\n";
17                   cout << "\tBefore abc a3   ";
18                   abc a3;
19                   cout << "\tAfter abc a3   ";
20
21                   {
22                           cout << "\t\tYet another new scope started\n";
23                           cout << "\t\tBefore abc a4   ";
24                           abc a4;
25                           cout << "\t\tAfter abc a4   ";
26                   }        // at this point, a4 will go out of scope, destructor will be invoked
27                   cout << "\t\tInnermost scope ended\n";
28           }    // at this point, a3 will go out of scope, destructor will be invoked
29           cout << "\tOther scope ended\n";
30           cout << "Program about to end\n";
31   }        // at this point, a1 will go out of scope, destructor will be invoked
32
33   Output From Running Program
34
35   Before abc a1      The no arg constructor was invoked
36   After abc a1
37           A new scope has started
38           Before abc a2      The no arg constructor was invoked
39           After abc a2        The no arg DESTRUCTOR was invoked
40           The scope with a2 just exited
41           Another new scope just started
42           Before abc a3      The no arg constructor was invoked
43           After abc a3                Yet another new scope started
44                   Before abc a4      The no arg constructor was invoked
45                   After abc a4        The no arg DESTRUCTOR was invoked
46                   Innermost scope ended
47                   The no arg DESTRUCTOR was invoked
48           Other scope ended
49   Program about to end
50   The no arg DESTRUCTOR was invoked
51
```

```
1   // destrct3.cpp
2   // this program illustrates the destructor and arrays
3
4   #include <iostream.h>
5
6   class abc
7   {
8       private:
9           int a,b,c;
10      public:
11          abc();              // the constructor function, name same as class
12          ~abc();             // the destructor function   notice the   ~
13  };
14  abc::abc()                  // no argument constructor
15  {
16      cout << "The no arg constructor was invoked\n";
17      a = b = c = 1;
18  }
19  abc::~abc()                 // no argument destructor
20  {
21      cout << "The no arg DESTRUCTOR was invoked \n";
22  }
23
24  main()
25  {
26      cout << "Before abc a1[5] \n";
27      abc a1[5];              // how many times is constructor called?
28      cout << "After abc a1[5] \n\n";
29
30      {
31          cout << "Before abc a2[3] \n";
32          abc a2[3];
33      }   // at this point, a2 goes out of scope, how many times is destructor invoked?
34      cout << "After a2 has gone out of scope\n\n";
35  } // at this point, a1 goes out of scope, how many times is destructor invoked?
36
```

```
1    Output From Running Program
2
3    Before abc a1[5]
4    The no arg constructor was invoked
5    The no arg constructor was invoked
6    The no arg constructor was invoked
7    The no arg constructor was invoked
8    The no arg constructor was invoked
9    After abc a1[5]
10
11   Before abc a2[3]
12   The no arg constructor was invoked
13   The no arg constructor was invoked
14   The no arg constructor was invoked
15   The no arg DESTRUCTOR was invoked
16   The no arg DESTRUCTOR was invoked
17   The no arg DESTRUCTOR was invoked
18   After a2 has gone out of scope
19
20   The no arg DESTRUCTOR was invoked
21   The no arg DESTRUCTOR was invoked
22   The no arg DESTRUCTOR was invoked
23   The no arg DESTRUCTOR was invoked
24   The no arg DESTRUCTOR was invoked
25
```

```
1    // destrct4.cpp
2    // this program illustrates a practical use of a destructor
3    // We will have many instances of a class abc which are all pointing at one character string
4    // In the destructor, in this case, we will not delete the memory that is being pointed at
5    // We will let the system delete the three integers a,b,c
6    // We will let the system delete the integer size_of_string
7    // We will let the system delete the char * cptr
8    // We will then examine the memory pointed to by cptr to see if it still has the string in it
9
10   #include <iostream.h>
11
12   char s[] = { "This is the shared string they point at\n" };
13
14   class abc
15   {
16       private:
17           int a,b,c;
18           int size_of_string;
19           char * cptr;        // will point to shared character string
20       public:
21           abc();               // the constructor function, name same as class
22           ~abc();              // the destructor function   notice the   ~
23           void print_abc();
24   };
25
26   abc::abc()
27   {
28       cout << "The no arg constructor was invoked\n";
29       a = b = c = 1;
30       cptr = &s[0];
31       size_of_string = sizeof(s);    // get the size stored
32   }
33
34   abc::~abc()
35   {
36       cout << "The no arg DESTRUCTOR was invoked \n";
37       // At this point I could do something to s if I wanted to
38       // For this application I won't.  I will leave it alone
39       // In destrct5.cpp and destrct6.cpp, I will do things to s
40   }
41
42   void abc::print_abc()
43   {
44       cout << "In print_abc values are: \n";
45       cout << a << " " << b << " " << c << endl;
46       cout.write(cptr,size_of_string);
47   }
48
```

```
 1    main()
 2    {
 3        // create an abc, it will have a pointer to s in it
 4        cout << "Before abc a1 s has " << s << endl;
 5        abc a1;                                    // this will cause the constructor to be called
 6        cout << "After  abc a1 s has " << s << endl;
 7        a1.print_abc();
 8
 9        {
10            // create another abc, it will also have a pointer to s
11            cout << "Before abc a2 s has " << s << endl;
12            abc a2;                                // this will cause the constructor to be called
13            cout << "After  abc a2 s has " << s << endl;
14            a2.print_abc();
15        }  // cause a2 to go out of scope, the destructor will be called
16            // a1 still exists and presumably still points at the character string
17
18        cout << "After a2 has gone out of scope, s has " << s << endl;
19        a1.print_abc(); // see if a1 is still okay
20    }       // at this point, a1 will go out of scope, we still don't do anything to the string s
21            // the string s was just something the instances of abc's were pointing at
22            // the string s was not part of abc instances
23            // so in this case it would make sense to delete the pointer to the string but not the string
24
25    Output From Running Program
26
27    Before abc a1 s has This is the shared string they point at
28    The no arg constructor was invoked
29    After  abc a1 s has This is the shared string they point at
30
31    In print_abc values are:
32    1  1 1
33    This is the shared string they point at
34    Before abc a2 s has This is the shared string they point at
35    The no arg constructor was invoked
36    After  abc a2 s has This is the shared string they point at
37
38    In print_abc values are:
39    1  1 1
40    This is the shared string they point at
41    The no arg DESTRUCTOR was invoked
42    After a2 has gone out of scope, s has This is the shared string they point at
43    In print_abc values are:
44    1  1 1
45    This is the shared string they point at
46    The no arg DESTRUCTOR was invoked
47
```

```
 1   // destrct5.cpp
 2   // In this version of the destructor program I am going to manipulate the string that the abc
 3   // instances point at.  This may be a dumb thing to do, but the point is who is in control, not whether
 4   // what you do is smart!!
 5   #include <iostream.h>
 6   #include <string.h>
 7
 8   char s[] = { "This is the shared string they point at\n" };
 9
10   class abc
11   {
12       private:
13           int a,b,c;
14           char * cptr;        // will point to shared character string
15       public:
16           abc();              // the constructor function, name same as class
17           ~abc();             // the destructor function   notice the   ~
18           void print_abc();
19   };
20
21   abc::abc()
22   {
23       cout << "The no arg constructor was invoked\n";
24       a = b = c = 1;
25       cptr = &s[0];
26   }
27
28   abc::~abc()
29   {
30       cout << "The no arg DESTRUCTOR was invoked \n";
31       // Now I am going to manipulate the shared string
32       // This may be a stupid thing to do, but that's the point
33       // When you write the destructor, you control what happens when
34       // your objects are deallocated
35       strcpy(cptr,"NEW STRING FROM DESTRUCTOR\n");
36   }
37
38   void abc::print_abc()
39   {
40       cout << "In print_abc values are: \n";
41       cout << a << "  " << b << " " << c << endl;
42       cout.write(cptr,sizeof(s) );
43   }
44
```

90

```
1    main()
2    {
3        // create an abc, it will have a pointer to s in it
4        cout << "Before abc a1 s has " << s << endl;
5        abc a1;                                    // this will cause the constructor to be called
6        cout << "After  abc a1 s has " << s << endl;
7        a1.print_abc();
8
9        {
10           // create another abc, it will also have a pointer to s
11           cout << "Before abc a2 s has " << s << endl;
12           abc a2;                                // this will cause the constructor to be called
13           cout << "After  abc a2 s has " << s << endl;
14           a2.print_abc();
15       }    // cause a2 to go out of scope, this will cause destructor to be invoked
16            // remember, in the destructor, I have decided to manipulate s
17
18       cout << "After a2 has gone out of scope, s has " << s << endl;
19
20       a1.print_abc();                            // see if a1 is still okay
21   }
22
23   Output From Running Program
24
25   Before abc a1 s has This is the shared string they point at
26
27   The no arg constructor was invoked
28   After  abc a1 s has This is the shared string they point at
29
30   In print_abc values are:
31   1  1  1
32   This is the shared string they point at
33
34   Before abc a2 s has This is the shared string they point at
35
36   The no arg constructor was invoked
37   After  abc a2 s has This is the shared string they point at
38
39   In print_abc values are:
40   1  1  1
41   This is the shared string they point at
42
43   The no arg DESTRUCTOR was invoked
44   After a2 has gone out of scope, s has NEW STRING FROM DESTRUCTOR
45
46   In print_abc values are:
47   1  1  1
48   NEW STRING FROM DESTRUCTOR                 notice that a1 points to the start of the string
49   ey point at                               but it's length field wasn't manipulated
50                                             so left over stuff was included in the string
51   The no arg DESTRUCTOR was invoked
52
53
```

```cpp
 1   // destrct6.cpp
 2   // In this program I am going to have a static variable keep track of how many instances are in
 3   // existence.  When the last instance goes out of scope, I am then and only then going to manipulate
 4   // the string that the instances of abcs are pointing at.  This of course begs the question, "What are
 5   // you going to do if someone creates ANOTHER instance of an abc?"   Well... The, um, uh
 6   // Oh Yeah, the static variable would have the value zero and I could check for that in the constructor
 7   // and do something to the string area.  Whew.  Got out of that one.
 8
 9   #include <iostream.h>
10   #include <string.h>
11
12   char s[] = { "This is the shared string they point at\n" };
13
14   class abc
15   {
16       private:
17           static int count_of_active_objects;        // static variable
18                                                       // used to track how many of this type of object exist
19           int a,b,c;
20           char * cptr;                                // will point to shared character string
21       public:
22           abc();                                      // the constructor function, name same as class
23           ~abc();                                     // the destructor function   notice the   ~
24           void print_abc();
25   };
26
27   abc::abc()
28   {
29       cout << "The no arg constructor was invoked\n";
30       a = b = c = 1;
31       cptr = &s[0];
32       count_of_active_objects++;                      // add one to the count stored in the static variable
33   }
34
35   abc::~abc()
36   {
37       cout << "The no arg DESTRUCTOR was invoked \n";
38       // only manipulate if you are the last one alive
39       if ( count_of_active_objects == 1 )
40       {
41           strcpy(cptr,"NEW STRING FROM DESTRUCTOR\n");
42       }
43       else
44       {
45           cout << "I am not last suriving object\n";
46           cout << "I am not going to hurt s \n";
47       }
48       count_of_active_objects--;                      // decrement number of living objects
49   }
50
```

```cpp
void abc::print_abc() {
    cout << "In print_abc values are: \n";
    cout << a << " " << b << " " << c << endl;
    cout.write(cptr,sizeof(s) );
}

int abc::count_of_active_objects = 0;          // initialize the static variable

main() {
    // create an abc, it will have a pointer to s in it
    cout << "Before abc a1 s has " << s << endl;
    abc a1;                                     // this will cause the constructor to be called
    cout << "After  abc a1 s has " << s << endl;
    a1.print_abc();
    {
        // create another abc, it will also have a pointer to s
        cout << "Before abc a2 s has " << s << endl;
        abc a2; // this will cause the constructor to be called
        cout << "After  abc a2 s has " << s << endl;
        a2.print_abc();
    }      // cause a2 to go out of scope
    cout << "After a2 has gone out of scope, s has " << s << endl;
    a1.print_abc();                             // see if a1 is still okay
}

Output From Running Program

Before abc a1 s has This is the shared string they point at

The no arg constructor was invoked
After  abc a1 s has This is the shared string they point at

In print_abc values are:
1 1 1
This is the shared string they point at
Before abc a2 s has This is the shared string they point at

The no arg constructor was invoked
After  abc a2 s has This is the shared string they point at

In print_abc values are:
1 1 1
This is the shared string they point at
The no arg DESTRUCTOR was invoked
I am not last suriving object
I am not going to hurt s
After a2 has gone out of scope, s has This is the shared string they point at

In print_abc values are:
1 1 1
This is the shared string they point at
The no arg DESTRUCTOR was invoked

```

```
1    // destrct7.cpp
2    // this program also uses a static variable to manipulate the string being pointed at
3    // However, along with having instances of abcs pointing at the string, I will also attempt to have
4    // non class variables pointing at and using the string.  So in this case, maybe the class destructor
5    // should have kept it's grubby paws off the string eh??
6
7    #include <iostream.h>
8    #include <string.h>
9
10   char s[] = { "This is the shared string they point at\n" };
11
12   class abc
13   {
14       private:
15           static int count_of_active_objects; // static variable used to track
16                                                // how many of this type of object exist
17           int a,b,c;
18           char * cptr;                         // will point to shared character string
19       public:
20           abc();                               // the constructor function, name same as class
21           ~abc();                              // the destructor function   notice the   ~
22           void print_abc();
23   };
24
25   abc::abc()
26   {
27       cout << "The no arg constructor was invoked\n";
28       a = b = c = 1;
29       cptr = &s[0];
30       count_of_active_objects++;     // add one to the count
31   }
32
33   abc::~abc()
34   {
35       cout << "The no arg DESTRUCTOR was invoked \n";
36       // only manipulate if you are the last one alive
37       if ( count_of_active_objects == 1 )
38       {
39           strcpy(cptr,"NEW STRING FROM DESTRUCTOR\n");
40       }
41       else
42       {
43           cout << "I am not last suriving object\n";
44           cout << "I am not going to hurt s \n";
45       }
46       count_of_active_objects--;                 // decrement number of living objects
47   }
48   void abc::print_abc()
49   {
50       cout << "In print_abc values are: \n";
51       cout << a << "  " << b << " " << c << endl;
52       cout.write(cptr,sizeof(s) );
53   }
```

```
1    int abc::count_of_active_objects = 0;        // initialize the static variable
2
3    main()
4    {
5        {
6            // create an abc, it will have a pointer to s in it
7            cout << "Before abc a1 s has " << s << endl;
8            abc a1;                              // this will cause the constructor to be called
9            cout << "After  abc a1 s has " << s << endl;
10           a1.print_abc();
11
12           {
13               // create another abc, it will also have a pointer to s
14               cout << "Before abc a2 s has " << s << endl;
15               abc a2;                          // this will cause the constructor to be called
16               cout << "After  abc a2 s has " << s << endl;
17               a2.print_abc();
18           }                                    // cause a2 to go out of scope
19           cout << "After a2 has gone out of scope, s has " << s << endl;
20
21           a1.print_abc();                      // see if a1 is still okay
22       }
23           // at this point, a1 and a2 have gone out of scope, there are no abc instances left
24           // so can anyone else use s?  Or has the selfish abc class ruined it for everyone?
25       cout  << "After a1 has gone out of scope, s has " << s << endl;
26   }
27   Output From Running Program
28   Before abc a1 s has This is the shared string they point at
29
30   The no arg constructor was invoked
31   After  abc a1 s has This is the shared string they point at
32   In print_abc values are:
33   1  1 1
34   This is the shared string they point at
35   Before abc a2 s has This is the shared string they point at
36
37   The no arg constructor was invoked
38   After  abc a2 s has This is the shared string they point at
39
40   In print_abc values are:
41   1  1 1
42   This is the shared string they point at
43   The no arg DESTRUCTOR was invoked
44   I am not last suriving object
45   I am not going to hurt s
46   After a2 has gone out of scope, s has This is the shared string they point at
47
48   In print_abc values are:
49   1  1 1
50   This is the shared string they point at
51   The no arg DESTRUCTOR was invoked
52   After a1 has gone out of scope, s has NEW STRING FROM DESTRUCTOR
```

```
1   // ch1p4.cpp
2   // program to illustrate role of public, protected, private in function
3   // visibility.  There are two places to check, within member function code
4   // and outside of member function code, i.e. in main()
5
6   #include <iostream.h>
7   #include <stdio.h>
8
9   class abc
10  {
11      public:
12          void pubf1();
13          void pubf2();
14          abc();
15      protected:
16          void protf1();
17          void protf2();
18      private:
19          void privf1();
20          void privf2();
21  };
22
23  abc::abc() { cout << "No arg constructor invoked \n"; }
24
25  // from inside the member functions of a class you are able to call the
26  // public, protected and private member functions of that class
27  // PUBLIC FUNCTION
28  void abc::pubf1()
29  {
30      cout << "In pubf1() \n";
31      this->pubf2();  // try to call a public function, you will succeed
32      this->protf2(); // try to call a protected function, will succeed
33      this->privf2(); // try to call a private function, will succeed
34  }
35  // PROTECTED FUNCTION
36  void abc::protf1()
37  {
38      cout << "In protf1() \n";
39      this->pubf2();  // try to call a public function, you will succeed
40      this->protf2(); // try to call a protected function, will succeed
41      this->privf2(); // try to call a private function, will succeed
42  }
43  // PRIVATE FUNCTION
44  void abc::privf1()
45  {
46      cout << "In privf1() \n";
47      this->pubf2();  // try to call a public function, will succeed
48      this->protf2(); // try to call a protected function, will succeed
49      this->privf2(); // try to call a private function, will succeed
50  }
51
```

```
1    // Public Function
2    void abc::pubf2()
3    {
4         cout << "IN PUBf2() \n";
5    }
6    // Protected Function
7    void abc::protf2()
8    {
9         cout << "IN PROTf2() \n";
10   }
11   // Private Function
12   void abc::privf2()
13   {
14        cout << "IN PRIVf2() \n";
15   }
16
17   // from non member function code, i.e. inside main
18   // you MAY CALL the public member functions of a class
19   // you MAY NOT CALL the protected or private member functions of a class
20   main()
21   {
22        abc a1;                     // create an instance of an abc
23        a1.pubf1();                 // try to call the public function
24        cout << endl << endl; // endl is a constant that == "\n"
25
26        // this line will not compile
27        // if you uncomment it you will see compiler error message
28        // abc::protf1() is not accessible in function main()
29        // a1.protf1();             // try to call the protected function
30
31        // this line will not compile
32        // if you uncomment it you will see compiler error message
33        // abc::privf1() is not accessible in function main()
34        // a1.privf1();             // try to call the private function
35
36        a1.pubf2();                 // try to call the other public function
37
38        // this line will not compile
39        // if you uncomment it you will see compiler error message
40        // abc::protf2() is not accessible in function main()
41        // a1.protf2();             // try to call the other protected function
42
43        // this line will not compile
44        // if you uncomment it you will see compiler error message
45        // abc::privf2() is not accessible in function main()
46        // a1.privf2();             // try to call the other private function
47   }
48
```

```
 1    Output From Running Program
 2
 3    No arg constructor invoked
 4    In pubf1()
 5    IN PUBf2()
 6    IN PROTf2()
 7    IN PRIVf2()
 8
 9
10    IN PUBf2()
11
```

```
        public
                pubf1()
                pubf2()

        protected
                protf1()
                protf2()

        private
                privf1()
                privf2()
```

```
public              protected           private
member              member              member
function            function            function

can it access...    can it access...    can it access...
public fn?  Yes     public fn?  YES     public fn?  YS
protected fn? YES   protected fn?  YES  protected fn?  YES
private fn?  YS     private fn?  YES    private fn?  YES
```

```
main

public function?   YES
protected function?  NO
private function?  NO
```

```
1   // strct10.cpp
2   // In this program, the error checking routines of strctev9.cpp are made
3   //  PRIVATE MEMBER FUNCTIONS of the class
4   // this means that they will be visible only to the designer of the class
5   // Since it is the designer of the class who is carefully coding in the
6   // error checking properties of the class, it is the designer of the class
7   // who needs to be able to call the routines.  The user of the date class
8   // has no need to know or care that these routines even exist.
9   // This reduces the number of subroutines the user of the class needs
10  // to concern themselves with.  This reduces complexity for the class user
11
12  char * months[12] =
13  {
14      "January", "February", "March", "April", "May", "June", "July",
15      "August", "September", "October", "November", "December"
16  };
17
18  int days_per_month[12] = { 31, 28, 31, 30, 31, 30, 31, 31, 30, 31, 30, 31 };
19
20  #include <iostream.h>
21  #include <stdio.h>
22  #include <stdlib.h>
23
24  class date
25  {
26      public:
27          date();                 // no    argument constructor
28          date(int);              // one   argument constructor
29          date(int,int);          // two   argument constructor
30          date(int,int,int);      // three argument constructor
31
32          void print_date();      // function to display a date
33
34      private:
35          int month;              // DOMAIN    1 - 12
36          int day;                // DOMAIN    depends on month
37          int year;               // DOMAIN    0 to whatever
38
39          // These are now PRIVATE MEMBER FUNCTIONS
40          int get_year(int);// private member functions
41          int get_month(int);     // may be called from member funcs
42          int get_day(int,int);   // may not be called from main()
43  };
44
```

100

```
1    main()
2    {
3        date d1;                    // create a var d1 of type date specifying no args
4        d1.print_date();
5
6        date d2(-4);                // create a var d2 of type date specifying one arg
7        d2.print_date();
8
9        date d3(23,1994);           // create a var d3 of type date specifying two args
10       d3.print_date();
11
12       date d4(3,32,1994);         // create a var d4 of type date specifying three args
13       d4.print_date();
14   }
15
16   void date::print_date()
17   {
18       cout << "  month is " << this->month <<   "  day  is " << this->day <<
19           "  year  is " << this->year << endl << endl;
20   }
21
22   // in the previous program the header was
23   // int get_year(int y)
24   // the header changes because now the routine is a member function and
25   // the complete function name includes the class name
26
27   return   class    function         argument
28   type     name     name             list
29
30
31
32
33
34
35   int date::get_year(int y)
36   {
37       if ( y < 0 )
38       {
39           int tempy = y;          // create a local variable
40
41           while ( tempy < 0 )
42           {
43               cout << "Year " << tempy << " is invalid " << endl;
44               cout << "Please enter a year greater than 0 ";
45               cin  >> tempy;
46           }
47           cout << "Valid y of " << tempy << " accepted" << endl;
48           y = tempy;
49       }
50       return(y);
51   }
52
```

```cpp
1       int date::get_month(int m)
2       {
3           if ( m < 1 || m > 12 )
4           {
5               int tempm = m;
6               while ( tempm < 1 || tempm > 12 )
7               {
8                   cout << "Month " << tempm << " is invalid " << endl;
9                   cout << "Please enter a month in the range 1 - 12 ";
10                  cin >> tempm;
11              }
12              cout << "Valid m of " << tempm << " accepted" << endl;
13              m = tempm;
14          }
15          return(m);
16      }
17
18      int date::get_day(int d, int desired_month)
19      {
20          if ( d < 1 || d > days_per_month[desired_month - 1] )
21          {
22              int tempd = d;
23              while ( tempd < 1 || tempd > days_per_month[desired_month - 1])
24              {
25                  cout << "Day " << tempd << " is invalid " << endl;
26                  cout << "Please enter a day in the range 1 - "
27                      << days_per_month[desired_month - 1] << " ";
28                  cin >> tempd;
29              }
30              cout << "Valid d of " << tempd << " accepted" << endl;
31              d = tempd;
32          }
33          return d;
34      }
35
```

```
1    // The four constructors are the same as in the last program
2    // But now they are going to use the Private Member Functions to do the error checking
3    // Instead of external error checking routines
4    date::date()
5    {
6         cout <<"Welcome to the no arg constructor " << endl;
7         int m = 7, d = 22, y = 1961;
8         month = m;    day = d;      year = y;
9    }
10
11   date::date(int y)
12   {
13        cout << "The one argument constructor has been called " << endl;
14        // call the private member function get_year to do the error checking
15        // this constructor is a member function, so it can call the private
16        // member function get_year
17        year = get_year(y);
18        month = 1;   // arbitrarily assign a month
19        day = 1;       // arbitrarily assign a day
20   }
21
22   date::date(int m, int y)
23   {
24        cout << "The two argument constructor has been called " << endl;
25        // call the private member functions get_year and get_month from
26        // this public member function date(int,int)
27        year = get_year(y);
28        month = get_month(m);
29        day = 1;
30   }
31
32   date::date(int m, int d, int y)
33   {
34        cout << "The three argument constructor has been called " << endl;
35        // call the private member functions get_year, get_month, get_day
36        // from this public member function date(int,int,int)
37        year = get_year(y);
38        month = get_month(m);
39        day = get_day(d,month);
40        return;
41   }
42
43
```

```
1    Output From Running Program
2
3    Welcome to the no arg constructor
4      month is 7  day  is 22  year  is 1961
5
6    The one argument constructor has been called
7    Year -4 is invalid
8    Please enter a year greater than 0 Valid y of 45 accepted
9      month is 1  day  is 1  year  is 45
10
11   The two argument constructor has been called
12   Month 23 is invalid
13   Please enter a month in the range 1 - 12 Month -8 is invalid
14   Please enter a month in the range 1 - 12 Month 14 is invalid
15   Please enter a month in the range 1 - 12 Valid m of 7 accepted
16     month is 7  day  is 1  year  is 1994
17
18   The three argument constructor has been called
19   Day 32 is invalid
20   Please enter a day in the range 1 - 31 Day 34 is invalid
21   Please enter a day in the range 1 - 31 Valid d of 2 accepted
22     month is 3  day  is 2  year  is 1994
23
24
25
```

```cpp
1    // strct11.cpp
2    // Constructors are good for putting INITIAL values into an instance of a date
3    // struct variable, but what if I want to CHANGE the values during run-time?
4    // We have already seen a routine that could put values into all the fields
5    // of an instance of the class
6    // What if we want to just put a value into one field at a time?
7
8    // Can we do it?
9    // Yes.
10
11   // We know that we cannot directly address the private data elements of a
12   // variable of type date struct from anyplace except a member function,
13   // therefore we are going to add member functions to set the data elements.
14   // We will add routines to set any individual field or to set all three
15   // fields at the same time.
16   // The set_year, set_month, and set_day functions will also be able to
17   // use the error_checking routines for the struct date data type
18
19   char * months[12] =
20   {
21       "January", "February", "March", "April", "May", "June", "July",
22       "August", "September", "October", "November", "December"
23   };
24
25   int days_per_month[12] = { 31, 28, 31, 30, 31, 30, 31, 31, 30, 31, 30, 31 };
26   #include <iostream.h>
27   #include <stdio.h>
28   #include <stdlib.h>
29
30   class date
31   {
32       public:
33           date();                 // no   argument constructor
34           date(int);              // one  argument constructor
35           date(int,int);          // two  argument constructor
36           date(int,int,int);      // three argument constructor
37           void print_date();      // function to display a date
38       // These set routines will use the private member functions that do the error checking
39           void set_year(int);     // function to change the year value
40           void set_month(int);    // function to change the month value
41           void set_day(int);      // function to change the day value
42           void set_all_three(int,int,int);    // function to set all three
43       private:
44           int month;              // DOMAIN    1 - 12
45           int day;                // DOMAIN    depends on month
46           int year;               // DOMAIN    0 to whatever
47
48           int get_year(int);// private member functions
49           int get_month(int);     // to do the error checking routines
50           int get_day(int,int);
51
52   };
53
54
```

```
1    main()
2    {
3        date d1;                       // create a var d1 of type date specifying no args
4        d1.print_date();
5
6        d1.set_year(1993);             // valid call with valid month
7        d1.print_date();
8
9        d1.set_month(2);               // valid call with valid month
10       d1.print_date();
11
12       d1.set_day(33);                // this will cause error checking to happen
13       d1.print_date();
14
15       d1.set_all_three(12,25,1994);// call to set all three, all three are valid data, error checks will pass
16       d1.print_date();
17
18       d1.set_all_three(-3,89,-2);    // call to set all three, three error checks will occur
19       d1.print_date();
20   }
21
22   void date::print_date()
23   {
24       cout << " month is " << this->month << " day  is " << this->day <<
25           " year  is " << this->year << endl << endl;
26   }
27
28
29   // The get_year, get_month, get_day functions are the same as the last program
30   // The four constructors are the same as the last program
31
```

106

```cpp
1    // all this subroutine has to do is call the get_year function
2     void date::set_year(int y)
3     {
4             year = get_year(y);
5             return;
6     }
7
8    // all this subroutien has to do is call the get_month function
9    void date::set_month(int m)
10    {
11            month = get_month(m);
12            return;
13    }
14
15   // all this subroutine has to do is call get_day
16   void date::set_day(int d)
17    {
18        // we need to already have a valid month to be able to check the day
19        // field of the struct date type variable that was BOUND to this call
20        day = get_day(d,this->month);
21        return;
22    }
23
24   // this subroutine will call each function in turn
25
26   void date::set_all_three(int m, int d, int y )
27    {
28        year = get_year(y);
29        month = get_month(m);
30        day   = get_day(d,month);
31        return;
32    }
33
```

```
1     Output From Running Programm
2
3         month is 7  day   is 22  year  is 1961
4
5         month is 7  day   is 22  year  is 1993
6
7         month is 2  day   is 22  year  is 1993
8
9     Day 33 is invalid
10    Please enter a day in the range 1 - 28 Valid d of 23 accepted
11        month is 2  day   is 23  year  is 1993
12
13        month is 12  day   is 25  year  is 1994
14
15    Year -2 is invalid
16    Please enter a year greater than 0 Valid y of 1994 accepted
17    Month -3 is invalid
18    Please enter a month in the range 1 - 12 Month 89 is invalid
19    Please enter a month in the range 1 - 12 Month 0 is invalid
20    Please enter a month in the range 1 - 12 Valid m of 7 accepted
21    Day 89 is invalid
22    Please enter a day in the range 1 - 31 Valid d of 22 accepted
23        month is 7  day   is 22  year  is 1994
24
25
26
```

date class
Private member functions
       get_year
       get_month
       get_day
Public Member Functions
       date()   date(int)   date(int,int)   date(int,int,int)
       set_year(int), set_month(int), set_dayint), set_all_three(int,int,int)

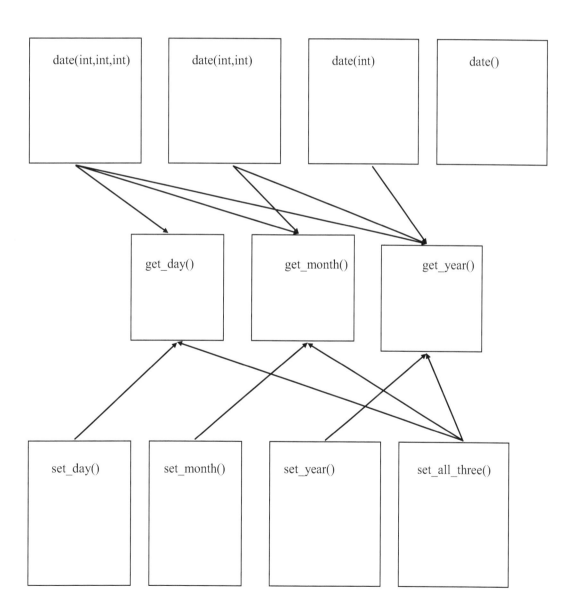

Section 4

This chapter is about user defined data structures and operators.
C++ allows you to "take over" what operators mean for your defined classes.
We are used to having to use subroutines to perform operations on our data structures.
This is bad. It introduces new subroutine names into the programmers name space without providing any
new functionality. For example, if you make a data structure to model someone's age, you would probably
want, at some point in time, to be able to add one to their age. In traditional languages you will be forced to
write a subroutine and use the subroutine by name to add one to your data structure. In C++, you will still
have to write the subroutine, however you will not have to call it by some ridiculous name like
add_one_to_age. Instead you will be able to say

```
        Age a1;
        ...
        a1++;
```

This will be possible because you will be able to "take over," or overload, the operators for that class.
Taking over the operators for one class in no way affects how the operators behave for other classes.

You are able to take over:
relational operators
mathematical operators
i/o operators.

Again, to visit our age class, if you wanted to compare two people's ages, in a non C++ language you would
probably have to make some call like:

```
        lower = compare_ages(a1,a2);
```

This is stupid.
In C++ you will be able to say

```
        if ( a1 < a2 )          or any other relational operator that you have overloaded
                                because you can take over the operators and redefine what they
                                mean for your class.
```

The point of overloading operators is this:
You are able to use your classes using the syntax you already know.
You don't have to learn a gazillion (gumpism) new names to use a class.
The amount of work that is done by the computer at run time is the same,
a subroutine is still called and run to do the work,
However, the programmer's job was made easier.

Section4.doc

relops.cpp   regular C relational operators and their limitations

relops1.cpp   relational operations on structures, the serious syntactical limitations

relops2.cpp   relational operations via operators on C++ classes

mathfunc.cpp   math operations on structures, the serious syntactical limitations

mathops.cpp   math operations via operators on C++ classes

mathops1.cpp   polymorphic math operators

ioops.cpp   taking over the i/o operators for a class

```cpp
1    // relops.cpp
2    // C and C++ provide the programmer with a number of operators
3    // = == + += - -= * *= / /= < <= > >= != and so on
4    // these operators only have meaning to pre-defined types
5    // the only operator that has any meaning, by default, for user defined types
6    // is the = operator
7    // If the = operator is applied between two instances of a user defined type
8    // then a field wise copy will occur
9    // This is a serious limitation of C
10   // For example, if you have a data structure like we have been using
11   // to model the date, wouldn't it make sense to be able to say
12   // if ( d1 < d2 )    or        if ( d1 >= d2 )
13
14   // In C, a user is forced to write subroutines like
15   // if ( compare_days(d1,d2) )
16   // and introduce new names into the programmers name space
17
18   // The programmer has already spent the time mastering the C operators
19   // Can't we leverage their investment into user defined types? In C++ we can!
20
21   // This program is a simple review of C operators
22   // It illustrates how simple it is to use the relational operators for a  defined type
23
24   #include <iostream.h>
25   int main()
26   {
27           int i = 0, j = 1, k = 1;
28
29           if ( i == j )
30                   cout << "i is equivalent to j\n";
31
32           if ( i != j )
33                   cout << "i is not equivalent to j\n";
34
35           if ( i < j )
36                   cout << "i is less than j\n";
37
38           if ( i <= j )
39                   cout << "i is less than or equal to j\n";
40
41           if ( i > j )
42                   cout << "i is greater than j\n";
43
44           if ( i >= j )
45                   cout << "i is greater than or equal to j\n";
46   }
47
48   Output From Running Program
49   i is not equivalent to j
50   i is less than j
51   i is less than or equal to j
52
```

C Relational Operators

```
 1   C Relational Operators
 2
 3   int      <       int
 4   int      <=      int
 5   int      >=      int
 6   int      >       int
 7   int      ==      int
 8   int      !=      int
 9
10   float    <       float
11   float    <=      float
12   float    >=      float
13   float    >       float
14   float    ==      float
15   float    !=      float
16
17   char     <       char
18   char     <=      char
19   char     >=      char
20   char     >       char
21   char     ==      char
22   char     !=      char
23
24   struct   no relational operators    struct
25
```

```
1     // relops1.cpp
2     // this program declares a simple time struct with three fields
3     // for the sake of listing compactness, error checking is left out
4     // this program demonstrates what a user would have to go through
5     // to be able to compare two instances of a time struct in the standard six relational ways
6
7     #define TRUE     1
8     #define FALSE    0
9
10    #include <iostream.h>
11
12    struct time
13    {
14            int h,m,s;          // hours, minutes, seconds
15    };
16
17    // each of these routines returns TRUE if the condition is met
18    // each of these routines returns FALSE if the condition is not met
19    // NOTE that each of these functions needs two arguments
20    // relational operations are binary operations
21    int time_eq(struct time, struct time);
22    int time_ne(struct time, struct time);
23    int time_gt(struct time, struct time);
24    int time_ge(struct time, struct time);
25    int time_lt(struct time, struct time);
26    int time_le(struct time, struct time);
27
28    // to implement the equivalence operation we need to employ the == operator
29    // for each field of the struct which is of a pre defined type
30    // this routine would have been much more complicated if each field had
31    // been itself a user defined type
32    // In this case, I have defined equivalent to mean matching on every field
33    int time_eq(struct time a, struct time b)
34    {
35            if ( (a.h == b.h)  && (a.m == b.m)  && (a.s == b.s) )
36                    return(TRUE);
37            else
38                    return(FALSE);
39    }
40
41    // I have defined not equals to be true if any field doesn't match
42    int time_ne(struct time a, struct time b)
43    {
44            if ( a.h != b.h )
45                    return(TRUE);
46            if ( a.m != b.m )
47                    return(TRUE);
48            if ( a.s != b.s )
49                    return(TRUE);
50            return(FALSE);
51    }
52
```

```
1    // I have defined gt to mean if the clock time of a is later than the clock
2    // time of b as measured first on hours, then minutes, then seconds
3    int time_gt(struct time a, struct time b)
4    {
5            if ( a.h > b.h )
6                    return(TRUE);
7            if ( a.h < b.h )
8                    return(FALSE);
9
10           // can only get here if a.h == b.h
11           if ( a.m > b.m )
12                   return(TRUE);
13           if ( a.m < b.m )
14                   return(FALSE);
15
16           // can only get here if a.m == b.m
17           if ( a.s > b.s )
18                   return(TRUE);
19
20           return(FALSE);
21   }
22
23   // return true if time a is later than or equal to time b
24   int time_ge(struct time a, struct time b)
25   {
26           if ( a.h > b.h )
27                   return(TRUE);
28           if ( a.h < b.h )
29                   return(FALSE);
30
31           // can only get here if a.h == b.h
32           if ( a.m > b.m )
33                   return(TRUE);
34           if ( a.m < b.m )
35                   return(FALSE);
36
37           // can only get her if a.m == b.m
38           if ( a.s > b.s )
39                   return(TRUE);
40           if ( a.s < b.s )
41                   return(FALSE);
42
43           return(TRUE);
44
45   }
46
```

```
1    // return TRUE if time a is earlier than time b
2    int time_lt(struct time a, struct time b)
3    {
4            if ( a.h < b.h )
5                    return(TRUE);
6            if ( a.h > b.h )
7                    return(FALSE);
8
9            // can only get here if a.h == b.h
10           if ( a.m < b.m )
11                   return(TRUE);
12           if ( a.m > b.m )
13                   return(FALSE);
14
15           // can only get here if a.m == b.m
16           if ( a.s < b.s )
17                   return(TRUE);
18
19           return(FALSE);
20   }
21
22   // return TRUE if time a is earlier than or equivalent to time b
23   int time_le(struct time a, struct time b)
24   {
25           if ( a.h < b.h )
26                   return(TRUE);
27           if ( a.h > b.h )
28                   return(FALSE);
29
30           // can only get here if a.h == b.h
31           if ( a.m < b.m )
32                   return(TRUE);
33           if ( a.m > b.m )
34                   return(FALSE);
35
36           // can only get her if a.m == b.m
37           if ( a.s < b.s )
38                   return(TRUE);
39           if ( a.s > b.s )
40                   return(FALSE);
41
42           return(TRUE);
43   }
44
```

```
1    int main()
2    {
3            struct time i = { 1,2,3 };
4            struct time j = { 1,2,4 };
5
6            // instead of being able to say i == j
7            // I have to use the routine time_eq
8            // if ( i == j )
9            if ( time_eq(i,j) )
10                   cout << "i is equivalent to j\n";
11
12           // if( i != j )
13           if ( time_ne(i,j) )
14                   cout << "i is not equivalent to j\n";
15
16           // if ( i < j )
17           if ( time_lt(i,j) )
18                   cout << "i is less than j\n";
19
20           // if ( i <= j )
21           if ( time_le(i,j) )
22                   cout << "i is less than or equal to j\n";
23
24           // if ( i > j )
25           if ( time_gt(i,j) )
26                   cout << "i is greater than j\n";
27
28           // if ( i >= j )
29           if ( time_ge(i,j) )
30                   cout << "i is greater than or equal to j\n";
31   }
32
33   Output From Running Program
34   i is not equivalent to j
35   i is less than j
36   i is less than or equal to j
37
```

Functions To Implement Relational Operations For
User Defined Data Type in C

data type	function	data type	relational operation implemented
struct time	time_eq	struct time	(==)
struct time	time_ne	struct time	(!=)
struct time	time_gt	struct time	(>)
struct time	time_ge	struct time	(>=)
struct time	time_lt	struct time	(<)
struct time	time_le	struct time	(<=)

Wouldn't you rather use the relational operator than have to learn six new function names to compare a struct time to a struct time? In C++ you can.

```cpp
1    // relops2.cpp
2    // this program redeclares a simple time struct with three fields
3    // AS A CLASS WHERE THE RELATIONAL OPERATORS HAVE BEEN TAKEN OVER
4    // by taking over the relational operators for our defined class
5    // we eliminate the six new names for the relational subroutines that
6    // the user would have to learn
7    // the same amount of work is still done by the executable, meaning that the
8    // same six subroutines are called, the point though is the intuitiveness of
9    // the interface to the defined class
10
11   #define        TRUE          1
12   #define        FALSE         0
13
14   #include <iostream.h>
15
16   // ANY operator functions that we declare, will by default
17   // have as the BOUND object, an instance of a class time
18   // the BOUND object will always appear to the immediate left of the operator
19   class time
20   {
21           private:
22                   int h,m,s;                    // hours, minutes, seconds
23
24           public:
25                   time(int,int,int);            // three argument constructor
26
27           // int          is the return type of the operation
28           // operator     is a keyword that identifies which operator we are taking over
29           // ==           is the operator we are taking over
30           // (time)       is the argument that will be on the immediate right
31           //              of the operator we are taking over if it is a binary operator
32           //              by definition a time must be on the immediate left of the operator for the class
33           //              for which the operator is being taken over
34           int operator == (time);
35           int operator != (time);
36           int operator >  (time);
37           int operator >= (time);
38           int operator <  (time);
39           int operator <= (time);
40   };
41
42   // when we make a statement like
43   // if ( i == j )
44   // the subroutine operator == will be invoked
45   // i, being on the left of the operator, will be BOUND to the call and will
46   // be accessible through the "this" pointer
47   // j, being on the right of the operator, will be PASSED as an argument to
48   // the subroutine call
49
```

```
1   // each of these routines returns TRUE if the condition is met
2   // each of these routines returns FALSE if the condition is not met
3
4   // return type              int
5   // function name            operator ==
6   // class ownership          time
7   // argument list            object of type time
8   int time::operator == (time a)
9   {
10          cout << "The == operator was invoked \n";   // teaching print statement to show subr was called
11          if ( (this->h == a.h)  && (this->m == a.m)  && (this->s == a.s) )
12                  return(TRUE);
13          else
14                  return(FALSE);
15  }
16
17  // I have defined != to be true if any field doesn't match
18  int time::operator !=(time b)
19  {
20          cout << "The != operator was invoked \n";
21          if ( this->h != b.h )
22                  return(TRUE);
23          if ( this->m != b.m )
24                  return(TRUE);
25          if ( this->s != b.s )
26                  return(TRUE);
27          return(FALSE);
28  }
29
30  // I have defined > to mean if the clock time of a is later than the clock
31  // time of b as measured first on hours, then minutes, then seconds
32  int time::operator > (time b)
33  {
34          cout << "The > operator was invoked \n";
35          if ( this->h > b.h )
36                  return(TRUE);
37          if ( this->h < b.h )
38                  return(FALSE);
39
40          // can only get here if a.h == b.h
41          if ( this->m > b.m )
42                  return(TRUE);
43          if ( this->m < b.m )
44                  return(FALSE);
45
46          // can only get here if a.m == b.m
47          if ( this->s > b.s )
48                  return(TRUE);
49
50          return(FALSE);
51  }
52
```

```
1    // return true if time a is later than or equal to time b
2    int time::operator >= (time b)
3    {
4            cout << "The >= operator was invoked \n";
5            if ( this->h > b.h )
6                    return(TRUE);
7            if ( this->h < b.h )
8                    return(FALSE);
9
10           // can only get here if a.h == b.h
11           if ( this->m > b.m )
12                   return(TRUE);
13           if ( this->m < b.m )
14                   return(FALSE);
15
16           // can only get her if a.m == b.m
17           if ( this->s > b.s )
18                   return(TRUE);
19           if ( this->s < b.s )
20                   return(FALSE);
21
22           // only get here if a.h == b.h, a.m == b.m and a.s == b.s
23           return(TRUE);
24   }
25
26   // return TRUE if time a is earlier than time b
27   int time::operator < (time b)
28   {
29           cout << "The < operator was invoked \n";
30           if ( this->h < b.h )
31                   return(TRUE);
32           if ( this->h > b.h )
33                   return(FALSE);
34
35           // can only get here if a.h == b.h
36           if ( this->m < b.m )
37                   return(TRUE);
38           if ( this->m > b.m )
39                   return(FALSE);
40
41           // can only get here if a.m == b.m
42           if ( this->s < b.s )
43                   return(TRUE);
44
45           return(FALSE);
46   }
47
```

121

```
1    // return TRUE if time a is earlier than or equivalent to time b
2    int time::operator <= (time b)
3    {
4            cout << "The <= operator was called \n";
5            if ( this->h < b.h )
6                    return(TRUE);
7            if ( this->h > b.h )
8                    return(FALSE);
9
10           // can only get here if a.h == b.h
11           if ( this->m < b.m )
12                   return(TRUE);
13           if ( this->m > b.m )
14                   return(FALSE);
15
16           // can only get her if a.m == b.m
17           if ( this->s < b.s )
18                   return(TRUE);
19           if ( this->s > b.s )
20                   return(FALSE);
21
22           return(TRUE);
23   }
24
25   // three argument constructor
26   time::time(int a, int b, int c) : h(a), m(b), s(c)
27   {
28   }
29
```

```
1    int main()
2    {
3            time i(1,2,3);
4            time j(1,2,4);
5
6            // if ( time_eq(i,j) )
7            // now I can use the operator == that the programmer already knows
8            // I am not polluting their name space with a function name like time_eq
9            if ( i == j )
10                   cout << "i is equivalent to j\n";
11
12           // if ( time_ne(i,j) )
13           if ( i != j )
14                   cout << "i is not equivalent to j\n";
15
16           // if ( time_lt(i,j) )
17           if ( i < j )
18                   cout << "i is less than j\n";
19
20           // if ( time_le(i,j) )
21           if ( i <= j )
22                   cout << "i is less than or equal to j\n";
23
24           // if ( time_gt(i,j) )
25           if ( i > j )
26                   cout << "i is greater than j\n";
27
28           // if ( time_ge(i,j) )
29           if ( i >= j )
30                   cout << "i is greater than or equal to j\n";
31   }
32
33   Output From Running Program
34
35   The == operator was invoked
36   The != operator was invoked
37   i is not equivalent to j
38
39   the < operator was invoked
40   i is less than j
41
42   The <= operator was invoked
43   i is less than or equal to j
44
45   The > operator was invoked
46   The >= operator was invoked
```

Overloading C Relational Operators for User Defined Types in C++

data type	function	data type	relational operation implemented
class time	==	class time	(==)
class time	!=	class time	(!=)
class time	>	class time	(>)
class time	>=	class time	(>=)
class time	<	class time	(<)
class time	<=	class time	(<=)

It is important to note that a subroutine is still being called. But, instead of having to use a subroutine name to call it, we can use the six relational operators that we already know.

```cpp
 1    // mathfunc.cpp
 2    // This program adds additional math oriented features to the time class from the relops
 3    // programs.  This program uses three functions to implement the new math
 4    // functionality
 5
 6    // As a general rule, when doing math on 2 instances of the same class, an instance of that class
 7    // should be yielded as the result, and neither of the 2 instances involved in the operation should be
 8    // affected
 9
10    // For example,    when you type    x = i + j           you expect x to be of the same type as i and j
11                                                            // and you expect i and j to be unaffected
12
13    // I want to define what it means to add one time to another
14    // To do this for my user defined types I have to write subroutines
15    // In C, I have to call the subroutines by name
16    // In C++ , in mathops.cpp we will see, that we can overload the math operators to call our subroutines
17
18    // For the time class I have now added a day field that will be set to:
19    // 1 if adding two times together would roll into the next day
20    // 0 if adding two times together would not roll into the next day
21    // -1 if subtracting two times would yield a time that is in yesterday
22
23    // For the + operation we add a time to a time and return a time
24    // For the ++ operation, we add one to the hour field and return a time
25    // For the += operation, we add a time to a time and return a time
26
27    #define         TRUE            1
28    #define         FALSE           0
29
30    #include <iostream.h>
31
32    struct time
33    {
34            int day;            // 1, 0 or -1
35            int h,m,s;          // hours, minutes, seconds
36    };
37
38
39    // return type              none
40    // function name            inc_time
41    // argument list            struct time called by reference
42    // this is implementing the x++ syntax, we expect x to change
43    void inc_time( struct time * tptr )
44    {
45            tptr->h++;
46            if ( tptr->h >= 24 )
47            {
48                    tptr->h -= 24;      // roll the hours back by twenty four
49                    tptr->day = 1;      // indicate that a day rolled over
50            }
51    }
52
```

```
1       // return type              none
2       // function name            add_time_to_time
3       // argument list            two time structs passed by reference
4       // this is implementing the x += j syntax
5       // we expect x to change, we do not expect j to change
6       void add_time_to_time( struct time * tptra, struct time * tptrb)
7       {
8               tptra->s += tptrb->s;
9               if ( tptra->s > 60 )
10              {
11                      tptra->s -= 60;     // move the seconds field back by 60
12                      tptra->m++:         // move the minutes field ahead by one
13              }
14
15              tptra->m += tptrb->m;
16              if ( tptra->m > 60 )
17              {
18                      tptra->m -= 60;     // move the minutes field back by 60
19                      tptra->h++;         // move the hours   field ahead by one
20              }
21
22              tptra->h += tptrb->h;
23              if ( tptra->h >= 24 )
24              {
25                      tptra->h -= 24;     // roll the hours back by twenty four
26                      tptra->day = 1;     // indicate that a day rolled over
27              }
28      }
29
```

```
1    // return type              struct time
2    // function name            add_two_times
3    // argument list            two struct times passed by reference
4    // this is implementing the x = i + j functionality
5    // we expect x to change, we don't expect i or j to change
6    struct time add_two_times(struct time * tptra, struct time * tptrb )
7    {
8            struct time temp;
9            int minute_carry = 0;
10           int hour_carry = 0;
11
12           temp.s = tptra->s + tptrb->s;
13           if ( temp.s > 60 )
14           {
15                   temp.s -= 60;                // move the seconds field back by 60
16                   minute_carry = 1;// move the minutes field ahead by one
17           }
18
19           temp.m = tptra->m + tptrb->m + minute_carry;
20           if ( temp.m > 60 )
21           {
22                   temp.m -= 60;      // move the minutes field back by 60
23                   hour_carry = 1;   // move the hours   field ahead by one
24           }
25
26           temp.h = tptra->h + tptrb->h + hour_carry;
27           if ( temp.h >= 24 )
28           {
29                   temp.h -= 24;      // roll the hours back by twenty four
30                   temp.day = 1;      // indicate that a day rolled over
31           }
32           else
33           {
34                   temp.day = 0;
35           }
36           return (temp):                 // return the bound object
37    }
38
39    void print_time(struct time a)
40    {
41           cout   << "The four fields are "
42                   << a.day
43                   << " "
44                   << a.h
45                   << " "
46                   << a.m
47                   << " "
48                   << a.s
49                   << endl;
50           return;
51    }
52
```

```
1      int main()
2      {
3              struct time i = {0,1,2,3};
4              struct time j = {0,1,2,4};
5              struct time k;
6
7              cout << "i is ";
8              print_time(i);        // print_time is going to do a field by field output
9                                    // Question?  Could we overload <<stay tuned!
10
11             cout << "j is ";
12             print_time(j);
13             cout << endl << endl;
14
15             // To "add one" to a time, we have to use a subroutine like inc_time(), even though
16             // we have the math operator ++ that we are used to using.  The problem is that ++ is only
17             // defined for pre-defined types.  Not for user defined types.  That's why in this program we
18             // need the subroutine inc_time.  In the next program, mathops.cpp, we will NOT use inc_time
19             // We will overload ++ and use it instead.  The same subroutine will be called to do the exact
20             // same work, however, the usage of the ++ operator will be more rememberable than the
21             // subroutine inc_time
22             inc_time(&i);
23             cout << "i after inc_time(i) is ";
24             print_time(i);
25             cout << endl << endl;
26
27             add_time_to_time(&i,&j);
28             cout << "i after add_time_to_time(&i,&j) is ";
29             print_time(i);
30             cout << "j after add_time_to_time(&i,&j) is ";
31             print_time(j);
32             cout << endl << endl;
33
34             k = add_two_times(&i,&j);
35             cout << "k after k = add_two_times(&i,&j) is ";
36             print_time(k);
37             cout << "i after k = add_two_times(&i,&j) is ";
38             print_time(i);
39             cout << "j after k = add_two_times(&i,&j) is ";
40             print_time(j);
41             cout << endl << endl;
42     }
43     Output From Running Program
44     i is                                    The four fields are 0 1 2 3
45     j is                                    The four fields are 0 1 2 4
46
47     i after inc_time(i) is                  The four fields are 0 2 2 3
48
49     i after add_time_to_time(&i,&j) is  The four fields are 0 3 4 7
50     j after add_time_to_time(&i,&j) is  The four fields are 0 1 2 4
51
52     k after k = add_two_times(&i,&j) is     The four fields are 0 4 6 11
53     i after k = add_two_times(&i,&j) is     The four fields are 0 3 4 7
54     j after k = add_two_times(&i,&j) is     The four fields are 0 1 2 4
```

128

C Math Operators For Pre-defined Types

integer	+	
	+=	
	++	
	--	
	-	
	-=	
	/	
	/=	
	*	
	*=	
	<<	
	>>	
	%	
char	+	
	+=	
	++	
	--	
	-	
	-=	
	/	
	/=	
	*	
	*=	
	<<	
	>>	
	%	
float	+	
	+=	
	-	
	-=	
	/	
	/=	
	*	
	*=	
struct	=	= is the only arithmetic operator defined for user defined types

```
1   // mathops.cpp
2   // this program adds additional features to the time class from the relops
3   // programs.  In this program we take over the +  +=  ++   operators
4   // FOR THE TIME CLASS ONLY
5   // taking over the + or any other operator FOR A CLASS
6   // in no way influences what + means for any of the pre defined types
7   // or for any other class
8
9   // What we are doing is defining what it means to add one time to another
10  // Each class designer can define what it means to perform math between
11  // instances of the class of which they are are creating
12  // For some classes, it doesn't make sense to be able to add two instances
13  // of the class together
14  // For other classes it does
15  // For this example, focus on the mechanism of what I'm doing, not whether
16  // my definition of adding two times together makes sense or not
17
18  // For the time class I have now added a day field that will be set to:
19  // 1 if adding two times together would roll into the next day
20  // 0 if adding two times together would not roll into the next day
21  // -1 if subtracting two times would yield a time that is in yesterday
22
23  // For the + operation we add a time to a time and return a time
24  // For the ++ operation, we add one to the hour field and return a time
25  // For the += operation, we add a time to a time and return a time
26
27  // Note that the ++ operator is unary, there will be a BOUND object
28  // but no argument object
29  // the += operator is binary, there will be a BOUND object and an argument
30  // the BOUND object will be on the left of the operator
31  // the argument will be on the right of the operator
32  // the + operator is binary, there will be a BOUND object and an argument
33  // the BOUND object will be on the left of the operator
34  // the argument will be on the right of the operator
35
36  // Note the difference in what is returned for the + ++ and += operations
37  // The ++ operation affects the BOUND object
38  // The += operation affects the BOUND object but not the argument object
39  // The + operation affects neither the BOUND object nor the argument object
40
```

```
1    #define          TRUE          1
2    #define          FALSE         0
3
4    #include <iostream.h>
5
6    class time
7    {
8            private:
9                    int day;          // 1, 0 or -1
10                   int h,m,s;        // hours, minutes, seconds
11
12           public:
13                   time(int,int,int);           // three argument constructor
14                   time();                      // no argument constructor
15                   time operator ++ ();         // overload the mathematics operators
16                   time operator += (time);
17                   time operator +  (time);
18                   void print_time();
19   };
20
21
22   // return type            time
23   // function name          operator ++
24   // class ownership time
25   // argument list          none
26   time time::operator ++ ()
27   {
28           cout << "The ++ operator was invoked \n";
29           this->h++;
30           if ( this->h >= 24 )
31           {
32                   this->h -= 24;           // roll the hours back by twenty four
33                   this->day = 1;           // indicate that a day rolled over
34           }
35           return(*this);                   // return the bound object
36   }
37
```

```
1       // return type            time
2       // function name          operator +=
3       // class ownership        time
4       // argument list          an instance of a time class object
5       time time::operator += (time b)
6       {
7               cout << "The += operator was invoked \n";
8
9               this->s += b.s;
10              if ( this->s > 60 )
11              {
12                      this->s -= 60;     // move the seconds field back by 60
13                      this->m++;         // move the minutes field ahead by one
14              }
15
16              this->m += b.m;
17              if ( this->m > 60 )
18              {
19                      this->m -= 60;     // move the minutes field back by 60
20                      this->h++;         // move the hours   field ahead by one
21              }
22
23              this->h += b.h;
24              if ( this->h >= 24 )
25              {
26                      h -= 24;           // roll the hours back by twenty four
27                      day = 1;           // indicate that a day rolled over
28              }
29              return (*this);            // return the bound object
30      }
31
```

```
1    // return type              time
2    // function name            operator +
3    // class ownership          time
4    // argument list            an instance of a time class object
5    time time::operator + (time b)
6    {
7            cout << "The + operator was invoked \n";
8
9            int hour_carry = 0;
10           int minute_carry = 0;
11
12           time temp;       // can't destroy the BOUND object or the invoking object
13                            // When you say i = j + k  you expect i to change
14                            // you don't expect j or k to change
15
16           temp.s = this->s + b.s;
17           if ( temp.s > 60 )
18           {
19                   temp.s -= 60;                  // move the seconds field back by 60
20                   minute_carry = 1;// move the minutes field ahead by one
21           }
22
23           temp.m = this->m + b.m + minute_carry;
24           if ( temp.m > 60 )
25           {
26                   temp.m -= 60;                  // move the minutes field back by 60
27                   hour_carry = 1;                // move the hours   field ahead by one
28           }
29
30           emp.h = this->h + b.h + hour_carry;
31           if ( temp.h >= 24 )
32
33           temp.h -= 24;                  // roll the hours back by twenty four
34           temp.day = 1;                  // indicate that a day rolled over
35           }
36           return (temp);                 // return the newly created object
37    }
38
39    void time::print_time() {
40            cout     << "The four fields are "
41                     << day
42                     << " "
43                     << h
44                     << " "
45                     << m
46                     << " "
47                     << s
48                     << endl;
49                     return;
50    }
51    // three argument constructor
52    time::time(int a, int b, int c) : h(a), m(b), s(c), day(0)
53    {
54    }
```

```
1    time::time() : h(0), m(0), s(0), day(0)
2    {
3    }
4
5    int main(){
6            time i(1,2,3);      time j(1,2,4);      time k;
7
8            cout << "i is ";   i.print_time();
9
10           cout << "j is ";   j.print_time();
11           cout << endl << endl;
12
13           // increment i using the mathematics operator
14           // You don't have to call some function like increment_time(i)
15           i++;
16           cout << "i after i++ is ";
17           i.print_time();
18           cout << endl << endl;
19
20           // don't have to call some function like add_time_to_time(&i,&j);
21           i += j;
22           cout << "i after i += j is ";
23           i.print_time();
24           cout << "j after i += j is ";
25           j.print_time();
26           cout << endl << endl;
27
28           // don't have to call some function like k = add_two_times(&i,&j)
29           k = i + j;
30           cout << "k after k = i + j is ";
31           k.print_time();
32           cout << "i after k = i + j is ";
33           i.print_time();
34           cout << "j after k = i + j is ";
35           j.print_time();
36           cout << endl << endl;
37    }
38    Output From Running Program
39
40    i is The four fields are 0 1 2 3
41    j is The four fields are 0 1 2 4
42
43    The ++ operator was invoked
44    i after i++ is The four fields are 0 2 2 3
45
46    The += operator was invoked
47    i after i += j is The four fields are 0 3 4 7
48    j after i += j is The four fields are 0 1 2 4
49
50    The + operator was invoked
51    k after k = i + j is The four fields are 0 4 6 11
52    i after k = i + j is The four fields are 0 3 4 7
53    j after k = i + j is The four fields are 0 1 2 4
54
```

134

C++ Taking Over Mathematics Operators

Take over   ++   increment this object by some known amount defined to be "one"
                             this object expected to change
             x++   x changes
                             x stays the same type

Take over   +=   update this object by "adding" another instance of the same type
                             expect this object to change
             x += y   x changes, y doesn't
                             y of same type as x

Take over   +   create a new object by "adding" two objects of the same type as the
                             desired yielded object
                             expect new object to change, don't expect existing instances to change

             x = y + zx changes, y doesn't, z doesn't
                             y and z of same type as x

BUT: What If the thing(s) being added to your class aren't of the same type??
Could we do

Take over   +=   update this object by "adding" some other type instance to it?
                             expect this object to change
             x += ABC   x of type xyz
                             ABC of type ABC
                             x changed but remains of type xyz

             CAN WE DO THIS?
             Yes!! See mathops1.cpp

```
1    // mathops1.cpp
2
3    // In this program we polymorphise the + and += operators
4    // Previously we had defined what it meant to add a time to a time
5    // Now, additionally,  we are going to define what it means to add an int to a time
6    // We are going to have a destructive add +=    time += int
7    // We are going to have a non_destructive add +  time  = time + int
8
9    #define          TRUE          1
10   #define          FALSE         0
11
12   #include <iostream.h>
13
14   class time
15   {
16          private:
17                  int day;          // 1, 0 or -1
18                  int h,m,s;        // hours, minutes, seconds
19
20          public:
21                  time(int,int,int);        // three argument constructor
22                  time();                   // no argument constructor
23
24                  // Math operators for times and times
25                  time operator ++ ();
26                  time operator += (time); // add all the fields to each other
27                  time operator +  (time);
28
29                  // Math operators for times and ints
30                  time operator += (int);         // add to the hours field
31                  time operator +  (int);         // add to the hours field
32                  void print_time();
33   };
34
35
36   // return type               time
37   // function name             operator ++
38   // class ownership           time
39   // argument list             none
40   time time::operator ++ ()
41   {
42          cout << "The time++ operator was invoked \n";
43          this->h++;
44          if ( this->h >= 24 )
45          {
46                  this->h -= 24;                  // roll the hours back by twenty four
47                  this->day = 1;                  // indicate that a day rolled over
48          }
49          return(*this);      // return the bound object
50   }
51
```

136

```
1    // return type              time
2    // function name            operator +=
3    // class ownership          time
4    // argument list            an instance of a time class object
5    time time::operator += (time b)
6    {
7            cout << "The time += time operator was invoked \n";
8
9            this->s += b.s;
10           if ( this->s > 60 )
11           {
12                   this->s -= 60;               // move the seconds field back by 60
13                   this->m++;                   // move the minutes field ahead by one
14           }
15
16           this->m += b.m;
17           if ( this->m > 60 )
18           {
19                   this->m -= 60;               // move the minutes field back by 60
20                   this->h++;                   // move the hours   field ahead by one
21           }
22
23           this->h += b.h;
24           if ( this->h >= 24 )
25           {
26                   h -= 24;                     // roll the hours back by twenty four
27                   day = 1;                     // indicate that a day rolled over
28           }
29           return (*this);                      // return the bound object
30   }
31
32
```

```
1    // return type               time
2    // function name             operator +
3    // class ownership           time
4    // argument list             an instance of a time class object
5    time time::operator + (time b)
6    {
7            cout << "The time + time operator was invoked \n";
8            int     minute_carry = 0;
9            int     hour_carry = 0;
10           time temp;
11           temp.s = this->s + b.s;
12
13           if ( temp.s > 60 )
14           {
15                   temp.s -= 60;              // move the seconds field back by 60
16                   minute_carry = 1;// move the minutes field ahead by one
17           }
18
19           temp.m = this->m + b.m + minute_carry;
20           if ( temp.m > 60 )
21           {
22                   temp.m -= 60;              // move the minutes field back by 60
23                   hour_carry = 1;           // move the hours   field ahead by one
24           }
25
26           temp.h = this->h + b.h;
27           if ( temp.h >= 24 )
28           {
29                   temp.h -= 24;             // roll the hours back by twenty four
30                   temp.day = 1;             // indicate that a day rolled over
31           }
32           return (temp);                    // return the newly created object
33   }
34
```

```
1    // THIS IS THE START OF THE POLYMORPHISED FUNCTIONS
2    // WE ARE NOW TAKING OVER += and + for a time on the left and an int on the right
3    // These are only taken over for this class
4    // += and + are not affected for any other class
5    // By convention, we expect an object back of the type that is on the left of the operator
6    // return type              time
7    // function name            operator +=
8    // class ownership          time
9    // argument list            one integer
10   time time::operator += (int b)
11   {
12           cout << "The time += int operator was invoked \n";
13
14           this->h += b;
15           if ( this->h >= 24 )
16           {
17                   h -= 24;              // roll the hours back by twenty four
18                   day = 1;              // indicate that a day rolled over
19           }
20           return (*this);              // return the bound object
21   }
22
23   // return type              time
24   // function name            operator +
25   // class ownership          time
26   // argument list            an int
27   time time::operator + (int b)
28   {
29           cout << "The time = time + int operator was invoked \n";
30
31           time temp;
32
33           temp.h = this->h + b;
34           if ( temp.h >= 24 )
35           {
36           temp.h -= 24;                // roll the hours back by twenty four
37           temp.day = 1;                // indicate that a day rolled over
38           }
39           return (temp);               // return the newly created object
40   }
41
42   void time::print_time()      {
43           cout    << "The four fields are "
44                      << day
45                      << " "
46                      << h
47                      << " "
48                      << m
49                      << " "
50                      << s
51                      << endl;
52           return;
53   }
```

139

```
1      // three argument constructor
2      time::time(int a, int b, int c) : h(a), m(b), s(c), day(0) { }
3      time::time() : h(0), m(0), s(0), day(0)  { }
4
5      int main()
6      {
7              time i(1,2,3);  time j(1,2,4);  time k;
8
9              cout << "i is ";
10             i.print_time();
11
12             cout << "j is ";
13             j.print_time();
14             cout << endl << endl;
15
16             // PROVE THAT THE OLD WAY STILL WORKS
17             // increment i using the mathematics operator
18             // You don't have to call some function like increment_time(i)
19             i++;
20             cout << "i after i++ is ";
21             i.print_time();
22             cout << endl << endl;
23
24             // don't have to call some function like add_time_to_time(&i,&j);
25             i += j;
26             cout << "i after i += j is ";
27             i.print_time();
28             cout << "j after i += j is ";
29             j.print_time();
30             cout << endl << endl;
31
32             // don't have to call some function like k = add_two_times(&i,&j)
33             k = i + j;
34             cout << "k after k = i + j is ";
35             k.print_time();
36             cout << "i after k = i + j is ";
37             i.print_time();
38             cout << "j after k = i + j is ";
39             j.print_time();
40             cout << endl << endl;
41
42             // SHOW WHAT THE NEW WAY DOES
43             // Now I am going to exercise the new polymorphic features
44             i += 7;
45             cout << "i after i += 7 is ";
46             i.print_time();
47
48             k = i + 4;
49             cout << "k after k = i + 4 is ";
50             k.print_time();
51             cout << "i after k = i + 4 is ";
52             i.print_time();
53      }
54
```

```
1    Output From Running The Program
2
3    i is The four fields are 0 1 2 3
4    j is The four fields are 0 1 2 4
5
6    The time++ operator was invoked
7    i after i++ is The four fields are 0 2 2 3
8
9    The time += time operator was invoked
10   i after i += j is The four fields are 0 3 4 7
11   j after i += j is The four fields are 0 1 2 4
12
13   The time = time + time operator was invoked
14   k after k = i + j is The four fields are 0 4 6 11
15   i after k = i + j is The four fields are 0 3 4 7
16   j after k = i + j is The four fields are 0 1 2 4
17
18
19   The time += int operator was invoked
20   i after i += 7 is The four fields are 0 10 4 7
21
22   The time = time + int operator was invoked
23   k after k = i + 4 is The four fields are 0 14 0 0
24   i after k = i + 4 is The four fields are 0 10 4 7
25
26
```

```
1    // ioops.cpp
2    // this program shows how the function print_time can be removed
3    // Just like we can take over the relational operators and arithmetic operators
4    // We can take over the << operator for any class that we define
5    // Again, the same amount of work gets done as when we had to call print_time
6    // But the interface is consistent with what the user of the class already
7    // applies to pre defined variables and other classes that use this mechanism
8
9    // taking over the << operator for this class does not affect the << operator for any other class
10   // or any pre-defined or user defined class
11
12   // this program introduces two new concepts
13   // FRIEND functions
14   // REFERENCES
15   // If you are unfamiliar with FRIEND functions or REFERENCES
16   // There are other examples programs in this book which illustrate how these concepts work
17
18   // For the evolutionary flow of taking over relational operators,
19   // then mathematics operators then io operators, I have chosen to cover
20   // friend fucntions and references next.  It was a real chicken and egg
21   // problem.  At least showing them in use provides justification for learning
22   // them!
23
24   #include <iostream.h>
25
26   class time
27   {
28         private:
29                 int day;          // 1, 0 or -1
30                 int h,m,s;        // hours, minutes, seconds
31
32         public:
33                 time(int,int,int);   // three argument constructor
34                 time();              // no argument constructor
35
36                 // return a reference to an output stream object
37                 // take over the << operator
38                 // An instance of a time class object must be immediately
39                 // to the right of the << operator
40                 // An instance of an ostream object must be immediately to the left of the << operator
41                 // Called via a call like      cout << t1;
42                 // friend says that the function is not a member of the class but may still access the
43        private
44                 // data of the instances of the class
45                 friend ostream& operator << (ostream&,time);
46   };
47
48
```

```
1    // return type              ostream&
2    // function name            operator <<
3    // class ownershipnone, it is a friend function of two classes
4    // argument list            an instance of a time class object
5    ostream & operator << (ostream & os, time a)
6    {
7            // no variable    this        is available in a friend function
8            // all addresses need to be passed as arguments
9
10           os << "The ostream << time operator was invoked \n";
11
12           os       << "The four fields are "
13           << a.day        // this << is between an ostream on the left and an int on the right
14           << " "
15           << a.h          // this << is between an ostream on the left and an int on the right
16           << " "
17           << a.m          // this << is between an ostream on the left and an int on the right
18           << " "
19           << a.s
20           << endl;
21
22           return(os);
23   }
24
25   // constructors
26   time::time(int a, int b, int c) : h(a), m(b), s(c), day(0)  {}
27   time::time() : h(0), m(0), s(0), day(0)  {}
28
29   int main()
30   {
31           time i(1,2,3);     time j(1,2,4);     time k;
32
33           cout << "i is \n";
34           cout << i;       // don't call print_time,  use the << operator instead
35                            // the same amount of, and in fact EXACT same work gets done
36                            // the difference is that the programmers already know <<
37                            // the programmers don't already know print_time
38                            // going with the overloaded operator, they don't need to learn any new
39                            // function calls to use your class!!!
40           cout << endl << endl;
41
42           cout << "j is \n";
43           cout << j;                 // taking over the << for an ostream on the left and a time on the right
44           cout << endl << endl;      // does not affect any other calls to <<
45
46           cout << "k is \n";         // this is a call to << with an ostream on the left
47                                      //and a string on the right
48           cout << k;                 // it is unaffected by our taking over for an ostream on the left and
49           cout << endl << endl;      // a time on the right
50   }
```

```
1    Output From Running Program
2    i is
3    The ostream << time operator was invoked
4    The four fields are 0 1 2 3
5
6    j is
7    The ostream << time operator was invoked
8    The four fields are 0 1 2 4
9
10   k is
11   The ostream << time operator was invoked
12   The four fields are 0 0 0 0
13
```

Section 5

This section is about casting.
If you are any kind of C programmer you know how casting works.
You are able to cast from ints to floats and floats to doubles and so on.
But, in C, if you have a user defined data structure and you want to convert it into some other type of user
defined data structure or even into one of the pre-defined data types, guess what? You have to write a
subroutine to do the conversion and then use that subroutine by name. In C++ you will still have to write
the subroutine to do the conversion, however, you won't have to use the subroutine by name, you will be
able to invoke it using the same casting syntax that you are already familiar with. This has great value to
the programmer because we are not polluting their mind with the names of subroutines. We are making use
of the casting syntax they already know and love (hate?)

The point of creating and overloading casting operators is this:
        You are able to use your classes using the syntax you already know.
        You don't have to learn a gazillion (gumpism) new names to use a class.
        The amount of work that is done by the computer at run time is the same,
                a subroutine is still called and run to do the work,
                However, the programmer's job was made easier.

Any time that you can make the progammer's job easier, you are doing something good.
We want the programmers to focus on the problem to be solved and not on the syntax required to do that.

This section will show you how to provide casting operations between:
        a user defined class and a pre-defined type   using a traditional function
        a user defined class and a pre defined type   using casting operator
        a pre defined type and a class   using a constructor

        a user defined class and the same user defined class
        a user defined class and a regular C structure
        a regular C structure and a user defined class

        a user defined class and a different user defined class where no inheritance relationship exists
        a user defined class and a different user defined class where an inheritance relationship does
                exist

castfunc.cpp   casting a class into a pre-defined type using functions

castops.cpp   casting a class into a pre-defined type using casting syntax

castcons.cpp   casting pre-defined types to classes using constructors

castcopy.cpp   building one instance of a class using another instance of the same class

cls2stct.cpp   casting a class instance into a struct instance

stct2cls.cpp   casting a struct instance into a class instance

cls2cls1.cpp   casting from one class to another class where no inheritance exists

cls2cls2.cpp   casting from one class to another where inheritance exists

145

```
1    // castfunc.cpp
2
3    #include <iostream.h>
4
5    // This program shows how a C programmer would write subroutines
6    // to change an instance of a class time into the pre defined data
7    // types.  These conversions, called casting, may or may not make sense
8    // depending on your point of view.  What is important, is that the mechanism
9    // be explained so that if you wanted to do a conversion like this, you could define what it meant
10   class time
11   {
12           private:
13                   int h,m,s;                    // hours, minutes, seconds
14
15           public:
16                   time(int,int,int);            // three argument constructor
17                   void show_time();             // show what time it is
18
19           // int is the return type of the operation
20           // operator is a keyword that identifies which operator we are taking over
21           // int is the operator we are taking over
22           // (time) is the argument that will be on the immediate right
23           // of the operator we are taking over if it is a binary operator
24           int   time_to_int  ();        // how to turn a time into an int
25
26           // these are inconvenient to use.  If we are going to have conversion routines, we may as
27           // well make them convenient to use.  We already have a casting syntax that we are familiar with
28           // i.e. to turn a float into an int we would use          i = (int) f;
29           // so why don't we have casting routines for user-defined types?
30           // the simple answer is that the compiler cannot anticipate what your user defined type will
31           // have as fields and how you want to turn those fields into an int or float or other type
32           // However, the compiler can anticipate our desire to do conversions, therefore we are provided
33           // with a casting syntax  like   i = (int) f
34           // and the (int)  will be an operator.  In C++ we can overload this operator just like we have
35           // overloaded the relational and mathematical operators.  In the next program, castops.cpp
36           // we do this and therefore don't need routines like time_to_float and time_to_char
37           float time_to_float ();       // how to turn a time into a float
38           char  time_to_char ();        // how to turn a time into a char
39   };
40
41   void time::show_time()
42   {
43           cout << "h is " << h << endl;
44           cout << "m is " << m << endl;
45           cout << "s is " << s << endl << endl;
46   }
47
```

146

```
      return        class            function          argument
      type          membership       name              list
```

```cpp
int time::time_to_int( )
{
        cout << "time_to_int was called \n";
        return ( this->h ); // return the integer hour
        // you could have done whatever you wanted here
}

float time::time_to_float( )
{
        cout << "The time_to_float routine was called \n";

        // I have created some silly conversion from time to float
        // you could probably come up with one that made sense
        // whoever writes the cast controls what happens
        return ( (float) (this->h + this->m + this->s) );
}

char time::time_to_char ( )
{
        cout << "The time_to_char function was called \n";
        return ( 'a' );        // obviously you would do something more sophisticated
                               // than just return the letter a.   The point is, that whatever happens, you are in
                               // control of the conversion from class to defined type
}

// three argument constructor
time::time(int a, int b, int c) : h(a), m(b), s(c)
{
}
```

```cpp
1    int main()
2    {
3            time t(1,2,3);
4
5            int i = 0;
6            float f = 0.0;
7            char c = 'C';
8
9            cout << "Before casting i is " << i << endl;
10           cout << "Before casting to int t is ";
11           t.show_time();
12           i = t.time_to_int();
13           cout << "After casting i is " << i << endl;
14           cout << "After casting to int t is ";
15           t.show_time();
16
17           cout << "Before casting f is " << f << endl;
18           cout << "Before casting to float t is ";
19           t.show_time();
20           f = t.time_to_float();
21           cout << "After casting f is " << f << endl;
22           cout << "After casting to float t is ";
23           t.show_time();
24
25           cout << "Before casting c is " << c << endl;
26           cout << "Before casting to char t is ";
27           t.show_time();
28           c = t.time_to_char();
29           cout << "After casting c is " << c << endl;
30           cout << "After casting to char t is ";
31           t.show_time();
32   }
33
```

```
1    Output From Running Program
2
3    Before casting i is 0
4    Before casting to int t is h is 1
5    m is 2
6    s is 3
7
8    time_to_int was called
9    After casting i is 1
10   After casting to int t is h is 1
11   m is 2
12   s is 3
13
14   Before casting f is 0
15   Before casting to float t is h is 1
16   m is 2
17   s is 3
18
19   The time_to_float routine was called
20   After casting f is 6
21   After casting to float t is h is 1
22   m is 2
23   s is 3
24
25   Before casting c is C
26   Before casting to char t is h is 1
27   m is 2
28   s is 3
29
30   The time_to_char function was called
31   After casting c is a
32   After casting to char t is h is 1
33   m is 2
34   s is 3
35
```

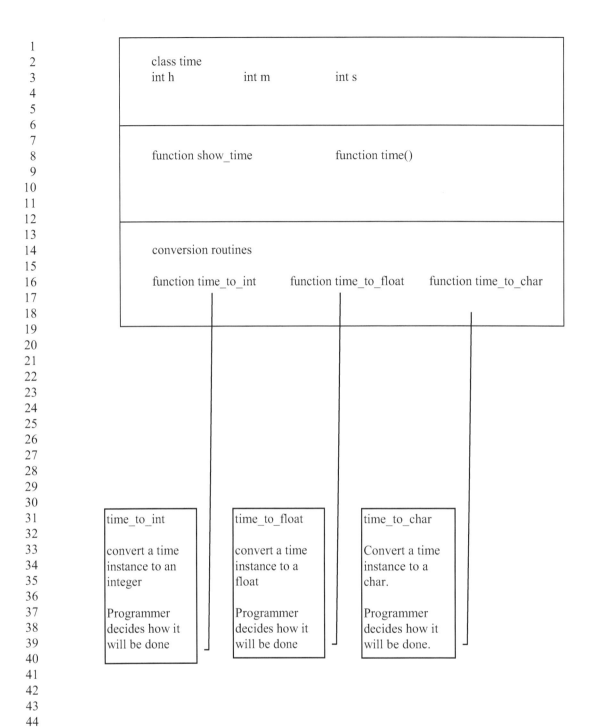

```
1
2        class time
3        int h              int m              int s
4
5
6
7
8        function show_time          function time()
9
10
11
12
13
14       conversion routines
15
16       function time_to_int      function time_to_float      function time_to_char
17
18
19
20
21
22
23
24
25
26
27
28
29
30
31   time_to_int            time_to_float            time_to_char
32
33   convert a time         convert a time           Convert a time
34   instance to an         instance to a            instance to a
35   integer                float                    char.
36
37   Programmer             Programmer               Programmer
38   decides how it         decides how it           decides how it
39   will be done           will be done             will be done.
40
```

150

```
// castops.cpp

#include <iostream.h>

// this program improves castfunc.cpp by using the C++ casting syntax
// it removes from the programmer the onerous task of learning the names
// of the conversion routines
// instead it provides the programmer with the standard casting operators
// that they are used to using to cast other things to ints, floats chars

// If we are going to allow conversions from one type to another,
// We may as well make the syntax convenient and straight forward

// C provides the casting syntax   i = (int) f + (int) g;
// C++ extends the casting syntax to user defined types, structs and classes

class time
{
        private:
                int h,m,s;                  // hours, minutes, seconds

        public:
                time(int,int,int);          // three argument constructor
                void show_time();           // show what time it is

        // int is the return type of the operation
        // operator is a keyword that identifies which operator we are taking over
        // int is the operator we are taking over
        // (time) is the argument that will be on the immediate right
        // of the operator we are taking over if it is a binary operator
        operator int   ();                  / how to turn a time into an int
        operator float ();                  // how to turn a time into a float
        operator char  ();                  // how to turn a time into a char
};

void time::show_time()
{
        cout << "h is " << h << endl;
        cout << "m is " << m << endl;
        cout << "s is " << s << endl << endl;
}
```

Note that the return type is not specified
If you are going to provide a casting operator for a class to a type
The return type will match the name of the operator
In this case the operator is   operator int
Therefore the return type will be int

```
return    class              function argument
type      membership         name          list
```

```
time::operator int ( )
{
        cout << "The (int) operator was invoked \n";
        return ( this->h );              // return the integer hour
        // you could have done whatever you wanted here
}


float time::operator float( )
{
        cout << "The float operator was invoked \n";

        // I have created some silly conversion from time to float
        // you could probably come up with one that made sense
        // whoever writes the cast controls what happens
        return ( (float) (this->h + this->m + this->s) );
}

char time::operator char ( )
{
        cout << "The char operator was invoked \n";
        return ( 'a' );
}

// three argument constructor
time::time(int a, int b, int c) : h(a), m(b), s(c)
{
}
```

```
1    int main()
2    {
3    time t(1,2,3);
4
5            int i = 0;
6            float f = 0.0;
7            char c = 'C';
8
9            cout << "Before casting i is " << i << endl;
10           cout << "Before casting to int t is ";
11           t.show_time();
12           i = (int) t;          // now we don't call the subroutine like time_to_int, we just cast it
13                                 // exactly the same amount of work will be done, in fact we end up calling
14                                 // a subroutine that is suspiciously similar to time_to_int,
15                                 // the point here isn't the efficiency of the language but the ease of use
16                                 // of the language and the intuitiveness, the ability to use without learning,
17                                 // of features of the language.  Since C programmers already know casting
18                                 // syntax, when using a user-defined class, they should be able to cast.
19           cout << "After casting i is " << i << endl;
20           cout << "After casting to int t is ";
21           t.show_time();
22
23           cout << "Before casting f is " << f << endl;
24           cout << "Before casting to float t is ";
25           t.show_time();
26           f = (float) t;
27           cout << "After casting f is " << f << endl;
28           cout << "After casting to float t is ";
29           t.show_time();
30
31           cout << "Before casting c is " << c << endl;
32           cout << "Before casting to char t is ";
33           t.show_time();
34           c = (char) t;
35           cout << "After casting c is " << c << endl;
36           cout << "After casting to char t is ";
37           t.show_time();
38   }
```

```
1    Output From Running Program
2
3    Before casting i is 0
4    Before casting to int t is h is 1
5    m is 2
6    s is 3
7
8    The (int) operator was invoked
9    After casting i is 1
10   After casting to int t is h is 1
11   m is 2
12   s is 3
13
14   Before casting f is 0
15   Before casting to float t is h is 1
16   m is 2
17   s is 3
18
19   The float operator was invoked
20   After casting f is 6
21   After casting to float t is h is 1
22   m is 2
23   s is 3
24
25   Before casting c is C
26   Before casting to char t is h is 1
27   m is 2
28   s is 3
29
30   The char operator was invoked
31   After casting c is a
32   After casting to char t is h is 1
33   m is 2
34   s is 3
35
```

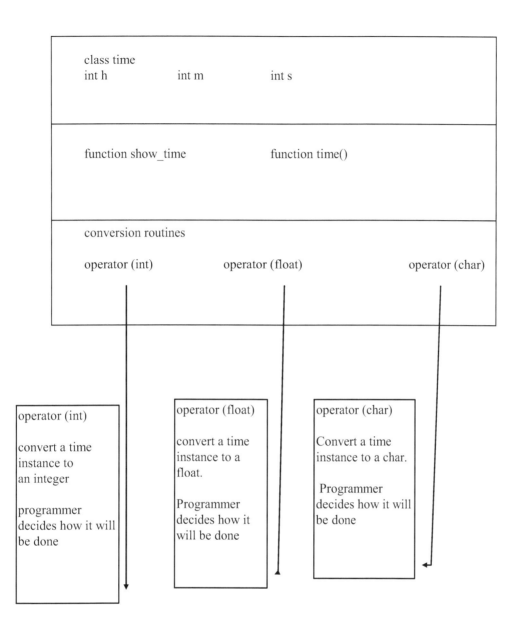

```
1    // castcons.cpp
2
3    // So you say that's great, we can now turn a user defined type into any pre defined type
4    // Well then, how do we cast a pre-defined type to a user-defined type?
5    // Answer, you don't cast, you construct!
6    // We have looked at constructors before, this program will look at them again, and will show how
7    // One way that a programmer might hasve decided to build a time from many different combinations
8    // and variations of pre defined types
9    #include <iostream.h>
10
11   // this program shows how a time could be built from
12   // one int
13   // two ints
14   // three ints
15   // one float
16   // two floats
17   // three floats
18   // one char
19   // two chars
20   // three chars
21
22   // these are all constructor functions
23
24   class time
25   {
26           private:
27                   int h,m,s;                // hours, minutes, seconds
28
29           public:
30                   void show_time();         // show what time it is
31
32                   time(int);                // build a time from one int
33                   time(int,int);            // build a time from two ints
34                   time(int,int,int);        // build a time from three ints
35                   time(float);              // build a time from one float
36                   time(float,float);        // build a time from two floats
37                   time(float,float,float);  // build a time from three floats
38                   time(char);               // build a time from one char
39                   time(char,char);          // build a time from two chars
40                   time(char,char,char);     // build a time from three chars
41   };
42
43   void time::show_time()
44   {
45           cout << "h is " << h << endl;
46           cout << "m is " << m << endl;
47           cout << "s is " << s << endl << endl;
48   }
49
50
```

```cpp
// one int argument constructor
time::time(int a) : h(a), m(0), s(0)
{
        cout << "One int arg constructor called \n";
}
// two int argument constructor
time::time(int a, int b) : h(a), m(b), s(0)
{
        cout << "Two int arg constructor called \n";
}
// three int argument constructor
time::time(int a, int b, int c) : h(a), m(b), s(c)
{
        cout << "Three int arg constructor called \n";
}

// one float argument constructor
time::time(float a) : h( (int) a), m(0), s(0)
{
        cout << "One float arg constructor called \n";
}
// two float argument constructor
time::time(float a, float b) : h( (int) a), m( (int) b), s(0)
{
        cout << "Two float arg constructor called \n";
}
// three float argument constructor
time::time(float a, float b, float c) : h( (int) a), m( (int) b), s( (int)c)
{
        cout << "Three float arg constructor called \n";
}

// one char argument constructor
time::time(char a) : h( (int) a), m(0), s(0)
{
        cout << "One Char arg constructor called \n";
}
// two char argument constructor
time::time(char a, char b) : h((int) a), m( (int) b), s(0)
{
        cout << "Two Char arg constructor called \n";
}
// three char argument constructor
time::time(char a, char b, char c) : h((int) a), m((int) b), s((int) c)
{
        cout << "Three Char arg constructor called \n";
}

```

```
1    int main()
2    {
3            int i = 1;          int j = 2;          int k = 3;
4            char a = 'a';       char b = 'b';       char c = 'c';
5            float f = 10.1;     float g = 20.2;     float h = 30.3;
6
7            // build examples using all nine types of constructors
8            time d1(i);
9            cout << "d1 is ";
10           d1.show_time();
11
12           time d2(i,j);
13           cout << "d2 is ";
14           d2.show_time();
15
16           time d3(i,j,k);
17           cout << "d3 is ";
18           d3.show_time();
19           cout << endl;
20
21           time d4(f);
22           cout << "d4 is ";
23           d4.show_time();
24
25           time d5(f,g);
26           cout << "d5 is ";
27           d5.show_time();
28
29           time d6(f,g,h);
30           cout << "d6 is ";
31           d6.show_time();
32           cout << endl;
33
34           time d7(a);
35           cout << "d7 is ";
36           d7.show_time();
37
38           time d8(a,b);
39           cout << "d8 is ";
40           d8.show_time();
41
42           time d9(a,b,c);
43           cout << "d9 is ";
44           d9.show_time();
45    }
```

```
1    Output From Running Program
2
3    One int arg constructor called
4    d1 is h is 1
5    m is 0
6    s is 0
7
8    Two int arg constructor called
9    d2 is h is 1
10   m is 2
11   s is 0
12
13   Three int arg constructor called
14   d3 is h is 1
15   m is 2
16   s is 3
17
18
19   One float arg constructor called
20   d4 is h is 10
21   m is 0
22   s is 0
23
24   Two float arg constructor called
25   d5 is h is 10
26   m is 20
27   s is 0
28
29   Three float arg constructor called
30   d6 is h is 10
31   m is 20
32   s is 30
33
34
35   One Char arg constructor called
36   d7 is h is 97
37   m is 0
38   s is 0
39
40   Two Char arg constructor called
41   d8 is h is 97
42   m is 98
43   s is 0
44
45   Three Char arg constructor called
46   d9 is h is 97
47   m is 98
48   s is 99
49
50
51
```

```
1    // castcopy.cpp
2
3    #include <iostream.h>
4
5    // this program shows how a time could be built from another time
6    // basically what we are doing is constructing one time from another tim
7    // this is sometimes called the copy constructor
8    // it is implemented using the operator =
9
10   class time
11   {
12           private:
13                   int h,m,s;                    // hours, minutes, seconds
14
15           public:
16                   void show_time();             // show what time it is
17
18                   time();                       // no arg time constructor
19                   time(int,int,int);            // three arg time constructor
20                   time operator = (time);       // "copy operator",   or one arg where arg is time, constructor
21   };
22
23   void time::show_time()
24   {
25           cout << "h is " << h << endl;
26           cout << "m is " << m << endl;
27           cout << "s is " << s << endl << endl;
28   }
29
30   // no int argument constructor
31   time::time()
32   {
33           cout << "No arg constructor called \n";
34           h = 12;
35           m = 34;
36           s = 56;
37   }
38
39   // three int argument constructor
40   time::time(int a, int b, int c) : h(a), m(b), s(c)
41   {
42           cout << "Three int arg constructor called \n";
43   }
44
```

This subroutine will be called when someone uses syntax like
time t2 = t1;   where t1 was already defined somewhere else
                                 t2 will be created using the copy constructor

return   class   function   argument
type   membership   name   list

```
time time::operator = (time t1)
{
        cout << "The copy operator was invoked\n";
        this->h = t1.h;
        this->m = t1.m;
        this->s = t1.s;
        return *this;
}

int main()
{
        cout << "AAA\n";
        time t1;
        t1.show_time();

        cout << "BBB" << endl;
        time t2(1,2,3);
        t2.show_time();

        cout << "CCC " << endl;
        time t3 = t1;                          // which constructor will be called?
        t3.show_time();

        cout << "DDD " << endl;
        t3 = t2;
        t3.show_time();
}
```

```
1    Output From Running Program
2
3    AAA
4    No arg constructor called
5    h is 12
6    m is 34
7    s is 56
8
9    BBB
10   Three int arg constructor called
11   h is 1
12   m is 2
13   s is 3
14
15   CCC
16   h is 12
17   m is 34
18   s is 56
19
20   DDD
21   The copy operator was invoked
22   h is 1
23   m is 2
24   s is 3
25
26
27
```

```cpp
 1    // cls2stct.cpp
 2    #include <iostream.h>
 3    // this program shows how a time class instance could be turned into a time structure
 4    // In going from a class object to a struct instance, we typically
 5    // will be going from a larger item to a smaller item because the struct
 6    // doesn't carry around the entry points to the functions like the class
 7    // does.  However, the struct being converted to could have more fields
 8    // than the class object, and thus could be larger.  The point of these
 9    // couple sentences is that we can make no assumptions about whether the
10    // thing we are casting to is smaller or larger than the thing we are
11    // casting from.
12
13    // In this program I cast a time to an XXX which has one field, two less than a time.
14    // I also cast a time to an MNOP which has four fields, one more than a time.
15
16    struct XXX
17    {
18            int x;
19    };
20
21    void print_XXX(XXX x1)
22    {
23            cout << "value of field x is " << x1.x << endl;
24            cout << endl;
25    }
26
27    struct MNOP
28    {
29            int m,n,o;
30            float p;
31    };
32
33    void print_MNOP(MNOP mnop1)
34    {
35            cout << "value of field m is " << mnop1.m << endl;
36            cout << "value of field n is " << mnop1.n << endl;
37            cout << "value of field o is " << mnop1.o << endl;
38            cout << "value of field p is " << mnop1.p << endl;
39            cout << endl;
40    }
41
42    class time
43    {
44            private:
45                    int h,m,s;                  // hours, minutes, seconds
46
47            public:
48                    void show_time();           // show what time it is
49                    time(int,int,int);
50                    operator XXX ();            // turn a time into an XXX;
51                    operator MNOP ();           // turn a time into an MNOP
52    };
```

```
1    void time::show_time()
2    {
3            cout << "h is " << h << endl;
4            cout << "m is " << m << endl;
5            cout << "s is " << s << endl << endl;
6    }
7
8    // three int argument constructor
9    time::time(int a, int b, int c) : h(a), m(b), s(c)
10   {
11           cout << "Three int arg constructor called \n";
12   }
13
14   return    class           function        argument
15   type      membership      name            list
16
17
18
19
20
21
22   time::operator XXX ()
23   {
24           // I made up the cast so I get to decide how to do it
25           // you could decide how to do it differently if you wrote the code
26           // that's the point, you get to decide how to convert one to the other
27           XXX temp;
28           temp.x = this->h + this->m + this->s;
29           return temp;
30   }
31
32   return    class           function        argument
33   type      membership      name            list
34
35
36
37
38
39
40   time::operator MNOP ()
41   {
42           // I made up the cast so I get to decide how to do it
43           // you could decide how to do it differently if you wrote the code
44           // that's the point, you get to decide how to convert one to the other
45           MNOP temp;
46           temp.m = this->h;
47           temp.n = this->m;
48           temp.o = this->s;
49           temp.p = ( (float) this->h ) / ( (float) this->m );
50           return temp;
51   }
52
```

164

```
1    int main()
2    {
3             // create a time
4             time t1(4,2,1);
5             t1.show_time();
6
7
8             // this line will cast the time instance t1 into an XXX that can then be used in the
9             // XXX one argument copy constructor
10            // we did not write an XXX one argument copy constructor
11            // furthermore, XXX is a struct type not a class
12            // so where did the one arg copy constructor come from?
13            // C and C++ both provide default constructors for data types that do a memberwise
14            // copy from one instance of the type to another instance of that type
15            // remember in an earlier program we learned that = was the only operator defined for C structs
16            // well here is the consequence of having that = available
17            XXX x1 = (XXX) t1;
18            print_XXX(x1);
19
20            // this line will cast the time instance t1 into an MNOP that can then be used in the
21            // MNOP one argument copy constructor
22            MNOP m1 = (MNOP) t1;
23            print_MNOP(m1);
24    }
25
26    Output From Running Program
27    Three int arg constructor called
28    h is 4
29    m is 2
30    s is 1
31
32    value of field x is 7
33
34    value of field m is 4
35    value of field n is 2
36    value of field o is 1
37    value of field p is 2
```

struct XXX

fields only

class time

fields

functions

XXX(t1)

MNOP(t1)

struct MNOP

fields only

165

```
// stct2cls.cpp

#include <iostream.h>

// to convert a class to a struct, we need to build a constructor for
// the class, we do not get to use the casting syntax because C structs
// don't allow the inclusion of member functions and C++ classes do

// In the next programs, cls2cls1.cpp and cls2cls2.cpp, we show casting
// from a class to a class
// Casting from a class to a class can be different than casting from a struct to class
// C++ allows for special syntax and relationships between classes
// One of the relationships is called INHERITANCE
// We will cover inheritance in another section
// So the next two programs, after this one, deal with casting from class to class
// where there are and aren't inheritance relationships to INTRODUCE what the differences are
// between embedding and inheritance

struct XXX
{
        int x;
};

void print_XXX(XXX x1)
{
        cout << "value of field x is " << x1.x << endl;
        cout << endl;
}

struct MNOP
{
        int m,n,o;
        float p;
};

void print_MNOP(MNOP mnop1)
{
        cout << "value of field m is " << mnop1.m << endl;
        cout << "value of field n is " << mnop1.n << endl;
        cout << "value of field o is " << mnop1.o << endl;
        cout << "value of field p is " << mnop1.p << endl;
        cout << endl;
}
```

```
1    class time
2    {
3            private:
4                    int h,m,s;                          // hours, minutes, seconds
5
6            public:
7                    void show_time();           // show what time it is
8                    time(int,int,int);
9                    time( XXX );      // build a time from an XXX, this isn't casting, it is  constructing
10                   time ( MNOP );   // build a time from an MNOP, this isn't casting, it is constructing
11                   operator XXX  ();           // turn a time into an XXX;
12                   operator MNOP ();           // turn a time into an MNOP
13   };
14
15   void time::show_time()
16   {
17           cout << "h is " << h << endl;
18           cout << "m is " << m << endl;
19           cout << "s is " << s << endl << endl;
20   }
21
22   // three int argument constructor
23   time::time(int a, int b, int c) : h(a), m(b), s(c)
24   {
25           cout << "Three int arg constructor called \n";
26   }
27
28   time::operator XXX ()
29   {
30           // I made up the cast so I get to decide how to do it
31           // you could decide how to do it differently if you wrote the code
32           // that's the point, you get to decide how to convert one to the other
33           XXX temp;
34           temp.x = this->h + this->m + this->s;
35           return temp;
36   }
37
38   time::operator MNOP ()
39   {
40           // I made up the cast so I get to decide how to do it
41           // you could decide how to do it differently if you wrote the code
42           // that's the point, you get to decide how to convert one to the other
43           MNOP temp;
44           temp.m = this->h;
45           temp.n = this->m;
46           temp.o = this->s;
47           temp.p = ( (float) this->h ) / ( (float) this->m );
48           return temp;
49   }
50
51
```

```
 1    // This is the function that will construct "cast" an XXX into a time
 2    return    class              function          argument
 3    type      membership         name              list
 4
 5
 6
 7
 8
 9
10    time::time(XXX x1)
11    {
12            cout << "The time(XXX) constructor was called \n";
13            h = x1.x;         // WHY did I decide to do it this way?
14            m = x1.x * 2;              // who knows, who cares, that's the point
15            s = x1.x * 4;              // you are in control, you can write the constructor
16    }
17
18    // note that this function also has the name time, however it has a different argument list
19    // remember polymorphism?  As long as the functions have different argument lists they can have
20    // the same name.  In both cases we are casting to a time using the casting syntax so this is a place
21    // where having polymorphism available is an absolute necessity, Thank you Bjarne.
22    time::time(MNOP m1)
23    {
24            cout << "The time(MNOP) constructor was called \n";
25            h = m1.m;
26            m = m1.n + m1.o;
27            s = (int) m1.p + 10;
28    }
29
30    int main()
31    {
32            // create a time
33            time t1(4,2,1);
34            t1.show_time();
35
36            // create an XXX from a time
37            XXX x1 = (XXX) t1;
38            print_XXX(x1);
39
40            // create an MNOP from a time
41            MNOP m1 = (MNOP) t1;
42            print_MNOP(m1);
43
44            XXX x2 = { 40 };
45            MNOP m2 = { 100,200,300,4.5 };
46
47            // create a time from an XXX
48            time t2(x2);
49            t2.show_time();
50
51            // create a time from an MNOP
52            time t3(m2);
53            t3.show_time();
54    }
```

168

1   Output From Running Program
2
3   Three int arg constructor called
4   h is 4
5   m is 2
6   s is 1
7
8   value of field x is 7
9
10   value of field m is 4
11   value of field n is 2
12   value of field o is 1
13   value of field p is 2
14
15   The time(XXX) constructor was called
16   h is 40
17   m is 80
18   s is 160
19
20   The time(MNOP) constructor was called
21   h is 100
22   m is 500
23   s is 14
24

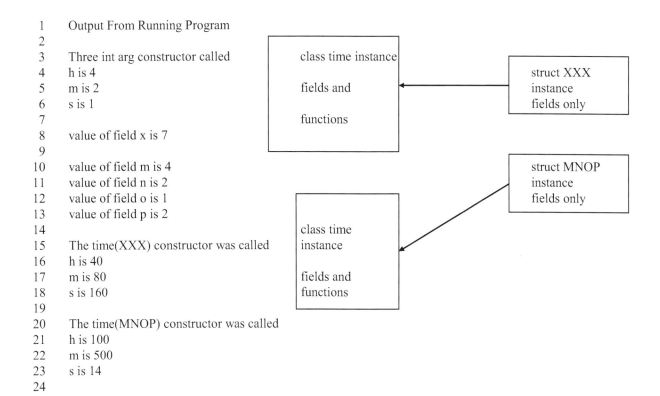

```
// cls2cls1.cpp

#include <iostream.h>

// this program converts one class to another class and back from the other class to the first class

// this presents a bit of a chicken and an egg problem
// For one class to know how to convert to the other class the other class
// has to already exist and yet for the other class to know how to convert
// to the one class the one class has to already exist.
// Well, not exactly.
// C++ allows you enter the NAME of a class into the name space of the
// compiler without actually implementing the class
// Thus you can register the casting functions in the class definitions
// and then, after both classes have been defined, implement the cast functions later

class XXX;          // Enter the names of the two classes into the name space of the compiler
class time;

class XXX
{
        private:
                int x;
        public:
                operator time();        // turn an XXX into a time
                XXX(int);               // one int arg constructor
                XXX();                  // no arg constructor
                void show_XXX();
};

XXX::XXX() : x(10)
{
        cout << "NO arg XXX constructor called \n";
}
XXX::XXX(int xin) : x(xin)
{
        cout << "One int XXX constructor called \n";
}

void XXX::show_XXX()
{
        cout << "value of field x is " << x << endl;
        cout << endl;
}
```

```
1    class time
2    {
3            private:
4                    int h,m,s;                      // hours, minutes, seconds
5
6            public:
7                    void show_time();               // show what time it is
8                    time(int,int,int);
9                    operator XXX ();                // turn a time into an XXX;
10   };
11
12   void time::show_time()
13   {
14           cout << "h is " << h << endl;
15           cout << "m is " << m << endl;
16           cout << "s is " << s << endl << endl;
17   }
18
19   // three int argument constructor
20   time::time(int a, int b, int c) : h(a), m(b), s(c)
21   {
22           cout << "Three int arg constructor called \n";
23   }
24   // now that we have both classes implemented
25   // we can write the casting routines
26
27   return   class            function         argument
28   type     membership       name             list
29
30
31
32
33   time::operator XXX ()
34   {
35           // I made up the cast so I get to decide how to do it
36           // you could decide how to do it differently if you wrote the code
37           // that's the point, you get to decide how to convert one to the other
38           XXX temp(this->h + this->m + this->s);
39           return temp;
40   }
41
42   return   class            function         argument
43   type     membership       name             list
44
45
46
47
48
49   XXX::operator time()
50   {
51           time temp(this->x, this->x * 2, this->x * 4);
52           return temp;
53   }
54
```

```
1    int main()
2    {
3            // create a time
4            time t1(4,2,1);
5            t1.show_time();
6            cout << endl;
7
8            // make an XXX out of it
9            XXX x1 = (XXX) t1;              // this casts the time instance t1 into an XXX
10           x1.show_XXX();
11           t1.show_time();                 // t1 is not affected
12           cout << endl;
13
14           // create an XXX
15           XXX x2(12);
16           x2.show_XXX();
17           cout << endl;
18
19           // make a time out of it
20           time t2 = (time) x2;            // this casts the XXX instance x2 into a time
21           t2.show_time();
22           x2.show_XXX();                  // x2 is not affected
23           cout << endl;
24   }
25
26   Output From Running Program
27   Three int arg constructor called
28   h is 4
29   m is 2
30   s is 1
31
32
33   One int XXX constructor called
34   value of field x is 7
35
36   h is 4
37   m is 2
38   s is 1
39
40
41   One int XXX constructor called
42   value of field x is 12
43
44
45   Three int arg constructor called
46   h is 12
47   m is 24
48   s is 48
49
50   value of field x is 12
51
```

class time	class XXX
fields and	fields and
functions	functions

172

```
1    // cls2cls2.cpp
2
3    #include <iostream.h>
4
5    // this program converts one class to another class and back from the other
6    // class to the first class where an inheritance relationship exists
7
8    class XXX;
9    class time;
10
11   class XXX
12   {
13           private:
14                   int x;
15           public:
16                   void setx(int);      // access routine for x
17                   int getx();
18                   XXX(int);            // one int arg constructor
19                   void show_XXX();
20   };
21
22   XXX::XXX(int xin) : x(xin)
23   {
24           cout << "One int XXX constructor called \n";
25   }
26
27   void XXX::setx(int i)
28   {
29           x = i;
30           return;
31   }
32
33   int XXX::getx()
34   {
35           return x;
36   }
37
38   void XXX::show_XXX()
39   {
40           cout << "value of field x is " << x << endl;
41           cout << endl;
42   }
43
```

```
1     This class inherits from the XXX class
2     What that means is that a time IS an XXX    AND the extra stuff declared in here
3
4     We will do much more work with inheritance in later sections
5     I have included this program here to illustrate the casting differences when inheritance is involved
6     Perhaps you want to skip this program now and come back to it after you fully understand inheritance
7
8     class                  inheritance            base
9     name                   type                   class name
10
11
12
13
14
15
16
17    class time : public XXX
18    {
19           private:
20                  int h,m,s;                  // hours, minutes, seconds
21
22           public:
23                  void show_time();           // show what time it is
24                  time(int,int,int);          // how to build a time from three ints
25                  time(XXX);                  // how to build a time from an XXX
26
27           // we don't have to write this routine anymore when inheritance is involved
28           // C++ already has a method, that you should just accept, for converting a derived instance
29           // into a base instance.  It hacks off all the extra parts of the derived portion and just leaves
30           // the base class portion of the derived object.  This is known as the Manassis approach.
31           //operator XXX ();                 // turn a time into an XXX;
32           time operator = (time);            // copy one time to another time
33    };
34
35    time time::operator = (time t1)
36    {
37           this->h = t1.h;
38           this->m = t1.m;
39           this->s = t1.s;
40           this->setx(-99);
41           return *this;
42    }
43
44    void time::show_time()
45    {
46           cout << "the x part of the base portion is " <<
47           this->getx() << endl;
48           cout << "h is " << h << endl;
49           cout << "m is " << m << endl;
50           cout << "s is " << s << endl << endl;
51    }
52
```

174

```
1    // three int argument constructor
2    time::time(int a, int b, int c) : h(a), m(b), s(c), XXX(4567)
3    {        cout << "Three int arg constructor called \n";        }
4
5    #if 0
6    WE DON'T HAVE TO WRITE THIS ROUTINE, C++ ALREADY KNOWS HOW TO DO THIS
7    XXX time::operator XXX ()
8    {
9            // I made up the cast so I get to decide how to do it
10           // you could decide how to do it differently if you wrote the code
11           // that's the point, you get to decide how to convert one to the other
12           XXX temp(this->getx() );
13           return temp;
14   }
15   #endif
16
17   // We still write the XXX to time class cast "Constructor" in this case.
18   // we can build a derived object from a base object by adding on the extra fields and entry points
19   time::time(XXX inx) : XXX(0)
20   {
21           // leave x with whatever value it had
22           // we are basically building a new XXX AND a time
23           this->setx(inx.getx() );
24           h = -1;   m = -2;   s = -3;
25   }
26
27   int main()
28   {
29           XXX x1(12);      // create an XXX
30           x1.show_XXX();
31           cout << endl;
32
33           time t1(4,2,1);     // create a time
34           t1.show_time();
35           cout << endl;
36
37           // create an XXX out of a time
38           cout << endl << "t1 and x1 before assignment " << endl;
39           t1.show_time();
40           x1.show_XXX();
41           // x1 = (XXX) t1;          // don't need the cast syntax
42           x1 = t1;                   // C++ just knows how to do this, because C++ has the = operator
43                                      //defined between any two instances of the same type, and since a
44                                      // time IS an XXX, it copies the like fields and drops the unlike
45           cout << endl << "t1 and x1 after assignment " << endl;
46           t1.show_time();
47           x1.show_XXX();
48
49           time t2(12,34,56);
50           t2.show_time();
51           t2 = t1;
52           t2.show_time();
53   }
54
```

```
1    Output From Running Program
2
3    One int XXX constructor called
4    value of field x is 12
5
6
7    One int XXX constructor called
8    Three int arg constructor called
9    the x part of the base portion is 4567
10   h is 4
11   m is 2
12   s is 1
13
14
15
16   t1 and x1 before assignment
17   the x part of the base portion is 4567
18   h is 4
19   m is 2
20   s is 1
21
22   value of field x is 12
23
24
25   t1 and x1 after assignment
26   the x part of the base portion is 4567
27   h is 4
28   m is 2
29   s is 1
30
31   value of field x is 4567
32
33   One int XXX constructor called
34   Three int arg constructor called
35   the x part of the base portion is 4567
36   h is 12
37   m is 34
38   s is 56
39
40   the x part of the base portion is -99
41   h is 4
42   m is 2
43   s is 1
44
45
46
```

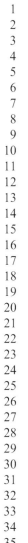

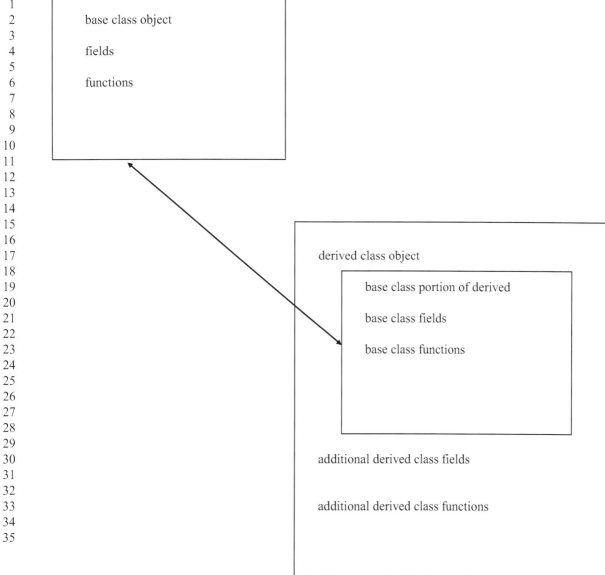

base class object

fields

functions

derived class object

base class portion of derived

base class fields

base class functions

additional derived class fields

additional derived class functions

1　Section 6

2
3　This section is about inheritance.
4　C++ is all about classes.
5　Once you know about classes, then you can get sophisticated and learn about inheritance.

6
7　Object oriented analysis and design requires classes.
8　Good object oriented analysis and design requires inheritance.
9　It is a thorough understanding of what inheritance is and what it can do for you that takes you from the
10　ranks of the novice C++ programmer to the good C++ programmer.

11
12　If you want to use C++ as more than just a better C compiler, then focus your study on classes and
13　inheritance.

14
15　This section explains what inheritance is not. Many people EMBED things and think they're doing
16　inheritance. They aren't.

17
18　Inheritance implements the　　　　　"IS A" relationship.
19　Embedding implements the　　　　　"Has A" relationship.

20
21　For example,　　　a car has an engine.
22　　　　　　　　　　a car is not an engine.
23　　　　　　　　　　therefore a car does not inherit from an engine.

24
25　　　　　　　　　　a car is a vehicle.
26　　　　　　　　　　therefore a car inherits from a vehicle.
27　　　　　　　　　　a base class of vehicle could be established where the common fields and functions
28　　　　　　　　　　　　　for all vehicles could be isolated. This would greatly reduce the number of
29　　　　　　　　　　　　　places that the code for vehicle would need to be maintained.
30　　　　　　　　　　the deriving classes, cars and trucks etc... would all be considered vehicles AND
31　　　　　　　　　　　　　the extra fields and functions that make them different.

32
33　　　　　　　　　　Deriving classes are also able to redefine a field or function found in a base class.
34　　　　　　　　　　Without this last point, inheritance would be too restrictive.

35
36　This section shows you **EVERY** rule and regulation and possibility of inheritance.

37
38　embed.cpp　　　　one class embedded in another, not an inheritance relationship

39
40　base_a.cpp　　　　a class that can stand by itself and be used as a base class

41
42　tstbasea.cpp　　　program to exercise base_a

43
44　puba.cpp　　　　　a class that derives using public inheritance from base class coded in base_a.cpp

45
46　pubinht.cpp　　　program to exercise class puba

47
48　priva.cpp　　　　a class that derives using private inheritance from base class coded in base_a.cpp

49
50　privinht.cpp　　　program to exercise derived class priva

51
52　polyinh1.cpp　　　polymorphism in an ineritance relationship

53
54

55

178

```
// embed.cpp
// this program illustrates the fact that one class can be embedded inside
// of another.  This is NOT inheritance.  We will see inheritance very soon

// Each of the functions does something simple and prints out that it was
// called.  What each function does in this example is not important
// What functions can and can't be called from where and by whom IS important
#include <iostream.h>

class a
{
        private:
                int a;
        public:
                a(void);          // no arg constructor
                void seta(int);
                void printa(void);
};

a::a() : a(23)
{
        cout << "No arg constructor for a was called \n";
}

void a::seta(int x )
{
        cout << "a::seta function was called \n";
        a = x;
}

void a::printa(void)
{
        cout << "a::printa function called, a is " << a << endl;
}

```

```
 1      This class is going to have an instance of an A embedded in it
 2      Question?        What functions of a can the b instance call?
 3                       There are two places to examine.
 4                       From within the member code of a b instance
 5                       From user code, i.e. main, that is not part of the b member functions
 6
 7      class b
 8      {
 9              private:
10              int     b;      // b is an integer
11              a       a1;     // a1 is of type a   B HAS AN INSTANCE OF AN A EMBEDDED IN IT
12                              // a1 is of a user defined type, not a pre-defined type
13              public:
14                      b(void);        // no arg constructor
15                      void setb(int);     // function to set b
16                      void printb(void);
17                      void setb_and_a1(int,int);
18      };
19
20      // this is the no arg constructor for b
21      // before the first executable statement in the constructor can be executed
22      // ALL of the memory for the instance must be allocated
23      // The system will cause the no arg constructor for type a to be called because a1 is of type a
24      b::b() : b(-97)
25      {
26              // before the first line of the constructor is called, the memory for the a that is
27              // part of this b instance, is allocated and initialized using the appropriate constructor
28              // in this case we gave no information about what constructor to use for the a portion
29              // therefore, the no argument constructor for the a part was called
30              cout << "No arg constructor for b was called \n";
31      }
32
33      // function to set the integer portion of b
34      void b::setb(int x )
35      {
36              cout << "b::setb function was called \n";
37              b = x;     // You can do this because b is private data of the class b
38      }
39
40      // function to set BOTH fields
41      void b::setb_and_a1(int x, int y)
42      {
43              b = x;              // you can do this
44              //a = y;            // you cannot do this because a is private data of a1
45              a1.seta(y);         // you are forced to do this, call a PUBLIC member function of an a instance
46      }
47
```

180

```
1    void b::printb(void)
2    {
3            // you can do this
4            cout << "b::printb function called, b is " << b << endl;
5
6            // you can't do this because a1 is private data of the a class and this is not a
7            // member function of the a class
8            // cout << "b::printb function called, a1 is " << a1 << endl;
9
10           // you are forced to do this, call the PUBLIC member function that knows how to print an a
11           a1.printa();
12   }
13
14   main()
15   {
16           // declare a variable of type a
17           a        abc;
18           abc.printa();      // a is a class in and of itself, it's variables can be accessed by the functions
19           abc.seta(88);      // assigned to do that job
20           abc.printa();
21
22           // declare a variable of type b, a variable of type b has a variable of type a embedded in it
23           b        xyz;
24           xyz.printb();
25           // xyz.printa();     // you can't do this, printa is a member function of class a, not of class b
26                               // if class b had INHERITED from class a, then you COULD have made
27                               // this call, we will see this in the inheritance section
28
29           xyz.setb(34);      // you can do this
30           // xyz.seta(345);   // you can't do this because seta is a member function of class a, not class b
31
32           xyz.setb_and_a1(-23,-654);        // we need a special function to access
33                                            // the a part of the b class variable
34           xyz.printb();
35   }
36
37   Output From Running Program
38
39   No arg constructor for a was called
40   a::printa function called, a is 23
41   a::seta function was called
42   a::printa function called, a is 88
43
44   No arg constructor for a was called          This happened on line        b xyz;
45   No arg constructor for b was called
46   b::printb function called, b is -97
47   a::printa function called, a is 23
48   b::setb function was called
49   a::seta function was called
50   b::printb function called, b is -23
51   a::printa function called, a is -654
52
53
```

181

Embedding Diagram

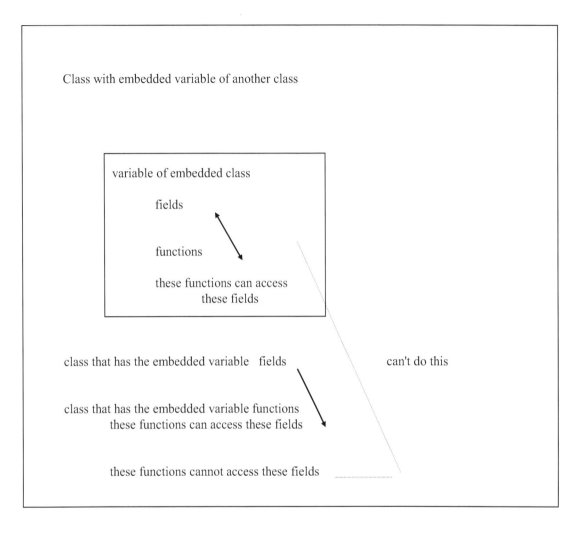

Class with embedded variable of another class

variable of embedded class

fields

functions

these functions can access
these fields

class that has the embedded variable   fields   can't do this

class that has the embedded variable functions
these functions can access these fields

these functions cannot access these fields

```
1    // base_a.cpp
2    #ifndef BASEACPP
3    #define BASEACPP
4    the first time this file is inclued into a compile list, the COMPILER variable BASEACPP is not "defined",
5    therefore #ifndef is TRUE therefore we compile the source contained within the #ifndef #endif block.  In
6    subsequent inclusions for the same compile list for the same load module, the compiler variable
7    BASEACPP is "defined", because the #define BASEACPP line was encountered.  Therefore the #ifndef
8    BASEACPP is FALSE and the source code is not included again.
9
10   // this file lays out a class that is destined to be used as a BASE class
11   // Just because something will be used as a base class doesn't mean that it can't be used
12   // all by itself as a regular class.  There is no special syntax for classes that will be base classes
13   // There exist in and of and by themselves as regular classes UNTIL some other class issues special
14   // syntax that identifies that they wish to derive from some other class.  At that point they become a
15   // base class.  However, even after they have been identified by an inheritor as its base class, they can
16   // still function as regular classes.  Being a base class places no restrictions on a class
17
18   // Any class may have three portions:
19   //        private:
20   //        protected:
21   //        public:
22
23   // Each of these sections may have data and functions
24
25   // We start our derivation of inheritance by examining what these three
26   // sections mean with respect to the visibility and accessebility of the
27   // variables and subroutines declared in each area
28
29   // There are two places where the visibility needs to be examined
30   //        in code that is part of the subroutines that are part of the class
31   //        in code that is not part of the subroutines that are part of the class
32   //        (i.e.  in main )
33
34   #include <iostream.h>
35
36   class a
37   {
38           private:
39                   int       a_priv_var;              // a private variable
40                   void      a_private_f1();          // a private function
41           protected:
42                   int       a_prot_var;              // a protected variable
43                   void      a_protected_f1(); // a protected function
44           public:
45                   int a_pub_var;                     // a public variable
46                   void      a_public_f1();           // a public function
47
48                   a();                               // no arg constructor
49                   void a_print();                    // another public function
50                   void a_call_em();          // another public function
51   };
52
```

```cpp
1    // no argument constructor
2    a::a()
3    {
4            cout << "The a no arg constructor has been invoked \n";
5            a_priv_var = 1;
6            a_prot_var = 2;
7            a_pub_var  = 3;
8    }
9
10   // this is a private member function of the a class
11   // from inside a private member function you can access
12   // private, protected, public data
13   void a::a_private_f1()
14   {
15           cout << "In a_private_f1 "
16           <<      a_priv_var      // we have access to private data
17           << " "
18           <<      a_prot_var      // we have access to protected data
19           << " "
20           <<      a_pub_var       // we have access to public data
21           << " "
22           <<      endl;
23   }
24
25   // this is a protected member function of the a class
26   // from inside a protected member function you can access
27   // private, protected, public data
28   void a::a_protected_f1()
29   {
30           cout << "In a_protected_f1 "
31           <<      a_priv_var      // we have access to private data
32           << " "
33           <<      a_prot_var      // we have access to protected data
34           << " "
35           <<      a_pub_var       // we have access to public data
36           << " "
37           <<      endl;
38   }
39
40   // this is a public member function of the a class
41   // from inside a public member function you can access
42   // public, protected and private data
43   void a::a_public_f1()
44   {
45           cout << "In a_public_f1 "
46           <<      a_priv_var      // we have access to private data
47           << " "
48           <<      a_prot_var      // we have access to protected data
49           << " "
50           <<      a_pub_var       // we have access to public data
51           << " "
52           <<      endl;
53   }
54
```

```
1     // this is a public member function that can access all three types of data
2     void a::a_print()
3     {
4             cout << "In a_print "
5             <<      a_priv_var        // we have access to private data
6             << " "
7             <<      a_prot_var        // we have access to protected data
8             << " "
9             <<      a_pub_var         // we have access to public data
10            << " "
11            <<      endl;
12    }
13
14    // this is a public member function
15    // from a public member function you may access the
16    // public, protected and private member functions
17    void a::a_call_em()
18    {
19            this->a_private_f1();
20            this->a_protected_f1();
21            this->a_public_f1();
22    }
23
24    // this class definition will be used in several C++ programs
25    // therefore it is left by itself in this file with no main
26    // immediately associated with it
27    // it will be compiled with other sources to form a complete program
28    // this #endif is the end of the #ifndef #endif block used to "protect" this file from multiple inclusions
29    #endif
```

class a data   class a functions

private data   private functions

protected data   protected functions

public data   public functions

private function
may access:
private, protected, public data
private, protected, public functions

protected function
may access:
private, protected, public data
private, protected, public functions

public function
may access:
private, protected, public data
private, protected, public functions

```
1    // tstbasea.cpp
2    // this program exercises the base class a as a stand alone class
3    // it will be used as the base class for other objects
4    // it is purely a teaching class object
5    // it has public, private and protected data and functions
6    // just because it is going to be a base class doesn't mean it can't
7    // function as a regular class all by itself.
8
9    // the first thing you have to be completely clear about is who can
10   // access the public, private and protected elements of the class
11
12   // there are two places we have to examine each of these three areas from:
13   //         from within the code of a member function
14   //         from outside the scope of any member function (i.e. in main)
15
16   // The basic access rules are:
17   //         Any member function can access any public, private or protected
18   //                 data element of its own class
19   //         Any member function can access any public, private or protected
20   //                 member function of its own class
21
22   //         No non member function code can access any private or protected
23   //                 data element of any class
24   //         No non member function code can access any private or protected
25   //                 member function of any class
26
27   //         Any non member function code can access any public data of any class
28   //         Any non member function code can access any public function of any class
29
```

```
        nclude "base_a.cpp"
        include <iostream.h>

4       main()
5       {
6               // You can create an instance of a base class object
7               a  obj1;
8               obj1.a_print();
9
10              // You can call the public member functions
11              obj1.a_print();
12              obj1.a_public_f1();
13
14              // You cannot call the protected member functions from outside
15              // a member function of the class
16              // obj1.a_protected_f1();
17
18              // You cannot call the private member functions from outside
19              // a member function of the class
20              // obj1.a_private_f1();
21
22              // You can call a public member function that calls the
23              // public, protected and private member functions
24              // this is the only way you  are going to get access to the protected and private data of the class
25              obj1.a_call_em();
26
27              // examine the accessability of the variables
28              // obj1.a_priv_var = 1;      // this variable is not visible from non member functions
29              // obj1.a_prot_var = 1;      // this variable is not visible from non member functions
30              obj1.a_pub_var  = 1;        // this variable, a public variable, is visible
31      }
32
33      Output From Running Program
34
35      The a no arg constructor has been invoked
36      In a_print 1 2 3
37      In a_print 1 2 3
38      In a_public_f1 1 2 3
39      In a_private_f1 1 2 3
40      In a_protected_f1 1 2 3
41      In a_public_f1 1 2 3
42
```

```
1
2
3
4
5
6
7
8
9
10        class a data              class a functions
11
12        private data             private functions
13
14        protected data           protected functions
15
16        public data              public functions
17
18
19
20
21        private function
22        may access:
23        private, protected, public data
24        private, protected, public  functions
25
26
27        protected function
28        may access:
29        private, protected, public data
30        private, protected, public functions
31
32
33        public function
34        may access:
35        private, protected, public data
36        private, protected, public functions
37
38
39
40
41
42   main()
43
44        may access:
45            public data of any class
46            public functions of any class
47
48        may not access:
49            protected data of any class
50            protected functions of any class
51            private data of any class
52            private functions of any class
53
```

```cpp
// puba.cpp

#ifndef PUBACPP
#define PUBACPP

// this file introduces the class puba
// it INHERITS from the class a
// it inherits using the public inheritance mechanism
// there are two types of inheritance, public and private

// Inheritance means that an object of type puba is an object of type a AND
// some extra stuff
```

base class portion	
base class fields	base class functions
derived class portion	
derived class fields	derived class functions

```cpp
// there are visibility issues in a derived class object
#include <iostream.h>
#include "base_a.cpp"
// the class name is puba
// it inherits from a
// using the public mechanism
class puba : public a
{
        private:
                int puba_priv_var;              // private data field
                void puba_private_fl();         // private member function
        protected:
                int puba_prot_var;              // protected data field
                void puba_protected_fl();       // protected member function
        public:
                int puba_pub_var;               // public data field
                void puba_public_fl();          // public member function
        puba();                                 // constructor
                void puba_print();              // public member function
                void puba_call_em();            // public member function
};
```

190

```
1
2      // Notice that we are specifying the way in which we want the three variables of the derived portion
3      // to be initialized.  However, we have not said how we want the variables of the base class portion
4      // of the object to be initialized.  Because of this, the default, no arg constructor for the base class
5      // will be invoked
6
7      puba::puba() : puba_priv_var(10), puba_prot_var(20), puba_pub_var(30)
8      {
9              // before the first line in the derived class constructor is executed
10             // ALL the memory for the entire object has to be allocated
11             // since an object of type puba IS an object of type a AND some other
12             // stuff, the constructor for the a portion of puba object will be
13             // invoked before the first executable statement in this constructor
14             // is executed
15
16             // you will notice the print out from the a class constructor before
17             // the print out from this constructor
18             cout << "In puba no arg constructor \n";
19     }
20
21     // this is a private member function of the derived class
22     // it has access to the public, protected and private data of the puba class
23     // it has access to the public and protected variables of the a class
24     // it DOES NOT have access to the private data of the a class
25     void puba::puba_private_f1()
26     {
27             cout << "In puba_private_f1 " << endl;
28             // examine accessability to the puba portion variables
29             cout     << "puba_priv_var is: "
30             << puba_priv_var
31             << " puba_prot_var is: "
32             << puba_prot_var
33             << " puba_pub_var  is: "
34             << puba_pub_var
35             << endl;
36
37             // remember what happened when we EMBEDDED an instance of one class in another class?
38             // none of the data was visible to the class that had the instance embedded in it.
39             // Now that we are doing INHERITANCE, the public and protected portions will be visible
40             // examine accessability to variables of base class
41             cout    // << a_priv_var  // this variable is not visible, it is private data of the base class
42             << a_prot_var             // this variable is visible, it is protected data of the base class
43             << " "
44             << a_pub_var              // this variable is visible, it is public data of the base class
45             << endl;
46     }
47
```

```
1     // this is a protected member function of the derived class
2     // it has access to the public, protected and private data of the puba class
3     // it has access to the public and protected variables of the a class
4     // it DOES NOT have access to the private data of the a class
5     void puba::puba_protected_f1()
6     {
7             cout << "In puba_protected_f1 " << endl;
8             // examine accessability to variables of the puba portion
9             cout   << "puba_priv_var is: "
10            << puba_priv_var
11            << " puba_prot_var is: "
12            << puba_prot_var
13            << " puba_pub_var  is: "
14            << puba_pub_var
15            << endl;
16
17            // examine accessability to variables of base class
18            cout   // << a_priv_var      // this variable is not visible
19            << a_prot_var
20            << " "
21            << a_pub_var
22            << endl;
23
24
25    // this is a public member function of the derived class
26    // it has access to the public, protected and private data of the puba class
27    // it has access to the public and protected variables of the a class
28    // it DOES NOT have access to the private data of the a class
29    void puba::puba_public_f1()
30    {
31            cout << "In puba_public_f1 " << endl;
32            // examine accessability of puba portion of the class variables
33            cout   << "puba_priv_var is: "
34            << puba_priv_var
35            << " puba_prot_var is: "
36            << puba_prot_var
37            << " puba_pub_var  is: "
38            << puba_pub_var
39            << endl;
40
41            // examine accessability to variables of base class
42            cout   // << a_priv_var      // this variable is not visible
43            << a_prot_var
44            << " "
45            << a_pub_var
46            << endl;
47    }
48
```

```
1    // this public member function has access to all three types of data that
2    // are part of the puba portion of a puba object
3    // it has access to the public and protected data of the base class portion
4    // of the puba object
5    // it DOES NOT have access to the private data of the base class portion
6    // of the puba object
7    void puba::puba_print()
8    {
9    // from inside a member function, public, protected or private
10   // you can access the public, protected and private data elements
11           cout    << "puba_priv_var is: "
12           << puba_priv_var
13           << " puba_prot_var is: "
14           << puba_prot_var
15           << " puba_pub_var  is: "
16           << puba_pub_var
17           << endl;
18
19           cout   // << a_priv_var      // this variable is not visible
20           << a_prot_var
21           << " "
22           << a_pub_var
23           << endl;
24   }
25
26   // this is a public member function
27   // it can call the private, protected and public member functions of the
28   //    puba portion of the puba class
29   // it can call the protected and public member functions of the a portion
30   //    of the puba class
31   void puba::puba_call_em()
32   {
33           // from inside a member function, you can call any other
34           // member function of  its own class
35           this->puba_private_fl();
36           this->puba_protected_fl();
37           this->puba_public_fl();
38
39           // examine accessability of functions in base class
40           // from inside a member function that derives from another class, you may access the protected
41           // and public functions of the base class.  From inside a member function that derives from
42           another
43           // class you MAY NOT access the private functions of the base class
44           // this->a_private_fl();      // this function is not visible
45           this->a_protected_fl();
46           this->a_public_fl();
47   }
48   #endif
```

Derived Class Object
Derived Class Data   Derived Class Functions

private   private
protected   protected
public   public

Base Class Portion of Derived Class Object

Derived Class Data   Derived Class Functions

private   private
protected   protected
public   public

USING PUBLIC INHERITANCE

derived class functions may access:
        derived class portion, private, protected, public data
        derived class portion, private, protected, public functions

        base class portion, protected and public data
        base class portion, protected and public functions

main()

may access public functions and data of derived class portion
may access public functions and data of base class portion directly
may access public functions and data of base class via instance of derived class

may not access protected or private portions of derived class
may not access protected or private portions of base class

194

```
1    // pubinht.cpp
2
3    // this program exercises the class puba  which is derived from
4    // the base class a
5    // it uses public inheritance
6    // because public inheritance is used, certain rules apply to what code
7    // has access to the public, private and protected data and member functions
8    // of the base class
9    // the access rules for the derived class are also spelled out in this program
10
11   // the base class has three areas to examine, public, protected, private
12   // the derived class has three areas to examine, public, protected, private
13
14   // there are three places we have to examine each of these three areas from:
15   //      from within the code of a member function of the base class
16   //      from within the code of a member function of the deriving class
17   //      from outside the scope of any member function (i.e. in main)
18
19   // The basic access rules are:
20   //      Any member function can access any public, private or protected
21   //          data element of its own class
22   //      Any member function can access any public, private or protected
23   //          member function of its own class
24
25   //      No non member function code can access any private or protected
26   //          data element of any class
27   //      No non member function code can access any private or protected
28   //          member function of any class
29
30   //      Any non member function code can access any public data
31   //      Any non member function code can access any public function
32
```

```cpp
1    #include <iostream.h>
2    #include "base_a.cpp"
3    #include "puba.cpp"
4
5    main()
6    {
7            // You can create an instance of a base class object
8            a  obj1;
9            obj1.a_print();
10
11           // You can call the public member functions of the base class object
12           obj1.a_print();
13           obj1.a_public_f1();
14
15           // You cannot call the protected member functions from outside
16           // a member function of the class
17           // obj1.a_protected_f1();
18
19           // You cannot call the private member functions from outside
20           // a member function of the class
21           // obj1.a_private_f1();
22
23           // You can call a public member function that calls the
24           // public, protected and private member functions
25           obj1.a_call_em();
26
27           puba    obj2;            // you can create an object of derived class
28           obj2.puba_print();       // we can call the public print function of the derived class
29           obj2.a_print();          // we can call the public print function of
30                                    // the class from which it is derived
31
32           obj2.puba_public_f1();   // can call the public function
33                                    // of the puba portion of the class
34           // obj2.puba_protected_f1();// protected function not visible
35           // obj2.puba_private_f1(); // private   function not visible
36
37           obj2.a_public_f1();                // can call the public function of the base class portion of an
38                                              // object of type puba
39           // obj2.a_protected_f1();          // protected function not visible
40           // obj2.a_private_f1();            // private   function not visible
41
42           obj2.puba_call_em();               // can call public function of the derived portion of the class
43
```

196

```
1       // examine accessability of member variables of base object
2       // via an instance of the base object
3       // obj1.a_priv_var = 100;   // private variable is not visible
4       // obj1.a_prot_var = 100;   // protected variable is not visible
5       obj1.a_pub_var  = 100;     // public data is visible
6
7       // examine accessability of member variables of derived class portion
8       // of puba object via an instance of the derived object
9       // obj2.puba_priv_var = 200;        // private variable is not visible
10      // obj2.puba_prot_var = 200;        // protected variable is not visible
11      obj2.puba_pub_var  = 200;           // public data is visible
12
13      // examine the accessability of member variables of base portion of
14      // puba object via an instance of a derived object
15      // obj2.puba_priv_var = 300;        // variable is not visible
16      // obj2.puba_prot_var = 300;        // variable is not visible
17      obj2.puba_pub_var  = 300;
18  }
19
```

```
1    Output From Running Program
2
3    The a no arg constructor has been invoked
4    In a_print 1 2 3
5    In a_print 1 2 3
6    In a_public_f1 1 2 3
7    In a_private_f1 1 2 3
8    In a_protected_f1 1 2 3
9    In a_public_f1 1 2 3
10
11   The a no arg constructor has been invoked
12   In puba no arg constructor
13   puba_priv_var is: 10 puba_prot_var is: 20 puba_pub_var  is: 30
14   2 3
15
16   In a_print 1 2 3
17   In puba_public_f1
18   puba_priv_var is: 10 puba_prot_var is: 20 puba_pub_var  is: 30
19   2 3
20
21   In a_public_f1 1 2 3
22   In puba_private_f1
23   puba_priv_var is: 10 puba_prot_var is: 20 puba_pub_var  is: 30
24   2 3
25
26   In puba_protected_f1
27   puba_priv_var is: 10 puba_prot_var is: 20 puba_pub_var  is: 30
28   2 3
29
30   In puba_public_f1
31   puba_priv_var is: 10 puba_prot_var is: 20 puba_pub_var  is: 30
32   2 3
33
34   In a_protected_f1 1 2 3
35   In a_public_f1 1 2 3
36
```

198

```
1    // priva.cpp
2
3    #ifndef PRIVACPP
4    #define PRIVACPP
5
6    // this file introduces the class priva
7    // it INHERITS from the class a
8    // it inherits using the private inheritance mechanism
9    // there are two types of inheritance, public and private
10
11   // Inheritance means that an object of type priva is an object of type a AND some extra stuff
12
13
14
15        base class portion
16        base class fields          base class functions
17
18   ......................................................................
19        derived class portion
20        derived class fields       derived class functions
21
22
23
24   // there are visibility issues in a derived class object
25   #include <iostream.h>
26   #include "base_a.cpp"
27   // the class name is priva
28   // it inherits from a
29   // using the private mechanism
30   class priva : private a
31   {
32           private:
33                   int priva_priv_var;            // private data field
34                   void priva_private_f1();       // private member function
35           protected:
36                   int priva_prot_var;            // protected data field
37                   void priva_protected_f1();     // protected member function
38           public:
39                   int priva_pub_var;             // public data field
40                   void priva_public_f1();        // public member function
41                   priva();                       // constructor
42                   void priva_print();            // public member function
43                   void priva_call_em();          // public member function
44   };
45
```

199

```
1    //this is the constructor for the derived class object
2    //it should specify how it wants the construction of its base class portion to occur
3    //it doesn't make this specification therefore the default no arg constructor is called
4
5    priva::priva() : priva_priv_var(10), priva_prot_var(20), priva_pub_var(30)
6    {
7            // before the first line in the derived class constructor is executed
8            // all the memory for the entire object has to be allocated
9            // since an object of type priva IS an object of type a AND some other
10           // stuff, the constructor for the a portion of priva object will be
11           // invoked before the first executable statement in this constructor
12           // is executed
13
14           // you will notice the print out from the a class constructor before
15           // the print out from this constructor
16           cout << "In priva no arg constructor \n";
17   }
18
19   // this is a private member function of the derived class
20   // it has access to the public, protected and private data of the priva class
21   // it has access to the public and protected variables of the a class
22   // it DOES NOT have access to the private data of the a class
23   void priva::priva_private_f1()
24   {
25           cout << "In priva_private_f1 " << endl;
26           // examine accessability to the priva portion variables
27           cout    << "priva_priv_var is: "  // member functions may access private data of their own class
28           << priva_priv_var
29           << " priva_prot_var is: "
30           << priva_prot_var          // member functions may access protected data of their own class
31           << " priva_pub_var  is: "
32           << priva_pub_var           // member functions may access public data of their own class
33           << endl;
34
35           // examine accessability to variables of base class
36           cout   // << a_priv_var    // this variable is not visible, member functions of the derived
37                                       // class may not access private data of the base class
38           << a_prot_var              // member functions of the derived class may access protected
39                                       // data of the base class
40           << " "
41           << a_pub_var               // member functions of the derived class may access public
42                                       // data of the base class
43           << endl;
44   }
45
```

```
1    // this is a protected member function of the derived class
2    // it has access to the public, protected and private data of the priva class
3    // it has access to the public and protected variables of the base class a
4    // it DOES NOT have access to the private data of the base class a
5    void priva::priva_protected_f1()
6    {
7            cout << "In priva_protected_f1 " << endl;
8            // examine accessability to variables of the priva portion
9            cout    << "priva_priv_var is: "
10           << priva_priv_var
11           << " priva_prot_var is: "
12           << priva_prot_var
13           << " priva_pub_var  is: "
14           << priva_pub_var
15           << endl;
16
17           // examine accessability to variables of base class
18           cout    // << a_priv_var      // this variable is not visible
19           << a_prot_var
20           << " "
21           << a_pub_var
22           << endl;
23   }
24
25   // this is a public member function of the derived class
26   // it has access to the public, protected and private data of the priva class
27   // it has access to the public and protected variables of the base class a
28   // it DOES NOT have access to the private data of the base class a
29   void priva::priva_public_f1()
30   {
31           cout << "In priva_public_f1 " << endl;
32           // examine accessability of priva portion of the class variables
33           cout    << "priva_priv_var is: "
34           << priva_priv_var
35           << " priva_prot_var is: "
36           << priva_prot_var
37           << " priva_pub_var  is: "
38           << priva_pub_var
39           << endl;
40
41           // examine accessability to variables of base class
42           cout    // << a_priv_var      // this variable is not visible
43           << a_prot_var
44           << " "
45           << a_pub_var
46           << endl;
47   }
48
49
```

```
1    // this public member function has access to all three types of data that
2    // are part of the priva portion of a priva object
3    // it has access to the public and protected data of the base class portion
4    // of the priva object
5    // it DOES NOT have access to the private data of the base class portion
6    // of the priva object
7    void priva::priva_print()
8    {
9            // from inside a member function, public, protected or private
10           // you can access the public, protected and private data elements
11           cout   << "priva_priv_var is: "
12           << priva_priv_var
13           << " priva_prot_var is: "
14           << priva_prot_var
15           << " priva_pub_var  is: "
16           << priva_pub_var
17           << endl;
18
19           cout   // << a_priv_var     // this variable is not visible
20           << a_prot_var
21           << " "
22           << a_pub_var
23           << endl;
24    }
25
26    // this is a public member function
27    // it can call the private, protected and public member functions of the
28    //     priva portion of the priva class
29    // it can call the protected and public member functions of the a portion, the base class portion
30    //     of the priva class
31    // it cannot call the private member functions of the a portion, the base class portion  of the
32    //        priva class
33    void priva::priva_call_em()
34    {
35           // from inside a member function, you can call any other member function of this class
36           this->priva_private_f1();
37           this->priva_protected_f1();
38           this->priva_public_f1();
39
40           // examine accessability of functions in base class
41           // this->a_private_f1();          // this function is not visible
42           this->a_protected_f1();           // this function is visible
43           this->a_public_f1();              // this function is visible
44    }
45    #endif
46
```

```
1    // privinht.cpp
2
3
4    // this program exercises the class priva derived from the base class a
5    // it uses private inheritance
6    // because private  inheritance is used, certain rules apply to what code
7    // has access to the public, private and protected data and member functions
8    // of the base class
9    // the access rules for the derived class are also spelled out in this program
10
11   USING PRIVATE INHERITANCE
12   Member functions of the deriving class can access public and protected data and functions of the BASE
13   class.  Member functions of the deriving class cannot access private data or functions of the base class.  Non
14   member function code is the code that USERS of the class would write.  Objects of the derived type, in non-
15   member function code (i.e. main() ) MAY NOT access public functions of the base class.  THIS is what
16   separates **Public from Private** inheritance.
17
18   // the base class has three areas to examine, public, protected, private
19   // the derived class has three areas to examine, public, protected, private
20
21   // there are three places we have to examine each of these three areas from:
22   //     from within the code of a member function of the base class
23   //     from within the code of a member function of the deriving class
24   //     from outside the scope of any member function (i.e. in main)
25
26   // The basic access rules are:
27   //     Any member function can access any public, private or protected
28   //         data element of its own class
29   //     Any member function can access any public, private or protected
30   //         member function of its own class
31
32   //     No non member function code can access any private or protected
33   //         data element of any class
34   //     No non member function code can access any private or protected
35   //         member function of any class
36
37   //     Any non member function code can access any public data of any class directly
38   //     Any non member function code can access any public function of any class directly
39
40   //         No non member function code can access the public data of any class that serves as
41   //         the base class for a class that derived PRIVATELY from it by using an instance of the
42   //         derived class.  However, that public data can be accessed directly through an instance of the
43   //         Base class itself.
44
```

203

```
1    #include <iostream.h>
2    #include "base_a.cpp"
3    #include "priva.cpp"
4
5    main()
6    {
7            // You can create an instance of a base class object
8            a  obj1;
9            obj1.a_print();
10
11           // You can call the public member functions of the base class object
12           obj1.a_print();
13           obj1.a_public_f1();
14
15           // You cannot call the protected member functions from outside
16           // a member function of the class
17           // obj1.a_protected_f1();
18
19           // You cannot call the private member functions from outside
20           // a member function of the class
21           // obj1.a_private_f1();
22
23           // You can call a public member function that calls the
24           // public, protected and private member functions
25           obj1.a_call_em();
26
27           priva     obj2;                    // you can create an object of derived class
28           obj2.priva_print();                // we can call the public print function of the derived class
29           // obj2.a_print();                 // we CANNOT call the public print function of the
30                                              // base class via a derived class object
31                                              //  BECAUSE WE USED PRIVATE INHERITANCE
32
33           obj2.priva_public_f1();            // can call the public function of the priva portion of the class
34           // obj2.priva_protected_f1();      // protected function not visible
35           // obj2.priva_private_f1();        // private   function not visible
36
37           // obj2.a_public_f1();             // CANNOT call the public function
38                                              // of the base class portion of an  object of type priva
39                                              // via an instance of a priva object
40                                              // we could call it directly via an instance of an a class object
41           // obj2.a_protected_f1();          // protected function not visible
42           // obj2.a_private_f1();            // private   function not visible
43
44           obj2.priva_call_em();              // can call the public function of the
45                                              // derived portion of the class
46
```

```
1        // examine accessability of member variables of base object
2        // via an instance of the base object
3        // obj1.a_priv_var = 100;          // private variable is not visible
4        // obj1.a_prot_var = 100;          // protected variable is not visible
5        obj1.a_pub_var  = 100;            // public data is visible
6
7        // examine accessability of member variables of derived class portion
8        // of priva object via an instance of the derived object
9        // obj2.priva_priv_var = 200;       // private variable is not visible
10       // obj2.priva_prot_var = 200;       // protected variable is not visible
11       obj2.priva_pub_var  = 200;        // public data is visible
12
13       // examine the accessability of member variables of base portion of
14       // priva object via an instance of a derived object
15       // obj2.priva_priv_var = 300;       // variable is not visible
16       // obj2.priva_prot_var = 300;       // variable is not visible
17       obj2.priva_pub_var  = 300;
18   }
19
```

Output From Running Program

The a no arg constructor has been invoked
In a_print 1 2 3
In a_print 1 2 3
In a_public_f1 1 2 3
In a_private_f1 1 2 3
In a_protected_f1 1 2 3
In a_public_f1 1 2 3

The a no arg constructor has been invoked
In priva no arg constructor
priva_priv_var is: 10 priva_prot_var is: 20 priva_pub_var is: 30
2 3

In priva_public_f1
priva_priv_var is: 10 priva_prot_var is: 20 priva_pub_var is: 30
2 3

In priva_private_f1
priva_priv_var is: 10 priva_prot_var is: 20 priva_pub_var is: 30
2 3

In priva_protected_f1
priva_priv_var is: 10 priva_prot_var is: 20 priva_pub_var is: 30
2 3

In priva_public_f1
priva_priv_var is: 10 priva_prot_var is: 20 priva_pub_var is: 30
2 3

In a_protected_f1 1 2 3
In a_public_f1 1 2 3

So, in a nutshell, private inheritance is more restrictive than public inheritance to the end user of the class because it hides the public portion of the base class from the user of the derived class when attempting to access the base class via an instance of the derived class.

Private Inheritance Diagram

Derived Class Object
Derived Class Data   Derived Class Functions

private   private
protected   protected
public   public

Base Class Portion of Derived Class Object

Derived Class Data   Derived Class Functions

private   private
protected   protected
public   public

USING PRIVATE INHERITANCE

derived class functions may access:
        derived class portion, private, protected, public data
        derived classsportion, private, protected, public functions

        base class portion, protected and public data
        base class portion, protected and public functions

        THIS IS IDENTICAL TO PUBLIC INHERITANCE
        from the point of view of the member functions

        main()

        may access public functions and data of derived class portion
        may access public functions and data of base class portion directly
        may not access public functions and data of base class via instance of derived class

        may not access protected or private portions of derived class
        may not access protected or private portions of base class

207

```
1    // polyinh1.cpp
2    // this program illustrates that a deriving class can redefine a function
3    // that is defined in the base class, this is due to a feature of the compiler known as complete
4    // function name resolution.  Although a function call may look as simple as f1()
5    // to the compiler it looks like    class_membership::f1()
6    #include <iostream.h>
7
8    class b
9    {
10           private:
11                   int var1;
12           public:
13                   b();                        // no arg constructor
14                   void set_var1(int);         // will not be overloaded
15                   int get_var1(void);         // will not be overloaded
16
17                   // this function is going to be redefined in the class
18                   // that inherits from class b, the question then will be;
19                   // in code that calls manipulate_var1, which function will
20                   // be called, the base class function or the derived class
21                   // function??
22                   void manipulate_var1(int);     // do something to var1
23   Notice that nothing special or different is done to the function manipulate_var1.  Nothing different is done
24   to a function that is going to be overloaded.  No designer of a function could anticipate which of their
25   functions are going to be overloaded.  You may have a pretty good idea, but you can't be sure.  When you
26   are sure, then you will have access to another feature of inheritance called virtuality, which is discussed in
27   later programs.  But for now, let's see how to deal with functions that are overloaded by the designer of the
28   deriving classes.
29   };
30
31   b::b() : var1(10)
32   {
33           cout << "In b no arg constructor \n";
34   }
35
36   void b::set_var1(int ivar1)
37   {        // would do error checking here
38           var1 = ivar1;
39   }
40
41   int b::get_var1()
42   {
43           return(var1);
44   }
45   // this function is called when the invoking object is of type class b
46   void b::manipulate_var1(int ix)
47   {
48           // could do error checking here
49           cout << "In base class manipulate_var1, multiplying "
50           << var1 << " by " << ix << endl;
51           var1 *= ix;
52   }
53
```

208

```
1    // the class pubb is an object of type b AND the additional fields varz and the additional functions
2    // pubb, set_var2, get_var2, and manipulate_var1
3    // // notice that manipulate_var1 has the same name and argument list as manipulate_var1 in the base
4    // class portion.  The question then is how can the compiler or run time system decide which version
5    // of manipulate_var1 is to be called.  Up until now we have said functions can have the same name as
6    // long as they have a different argument list.  Here we have the same name and the same argument list
7    // the Compiler needs to decide whether you mean        b::manipulate_var1(int)     or
8    //                                                      pubb::manipulate_var1(int)
9    // the compiler decides based on the data type of the invoking object
10   // if manipulate_var1() is called via           instance_of_base.manipulate_var1()
11   // then    b::manipulate_var1 is called
12   // if manipulate_var1() is called via           instance_of_derived.manipulate_var1()
13   // then    pubb::manipulate_var1 is called
14
15   class pubb : public b
16   {
17           private:
18                   int var2;
19           public:
20                   pubb();                          // no arg constructor
21           void manipulate_var1(int);               // OVERLOADED FUNCTION
22                                                    // SAME FUNCTION EXISTS IN BASE CLASS
23           void set_var2(int);                       // new function unique to pubb
24           int get_var2(void);
25   };
26
27   pubb::pubb() : var2(5)
28   {
29           cout << "In pubb no arg constructor \n";
30   }
31
32   void pubb::set_var2(int ivar2)
33   {
34           var2 = ivar2;
35   }
36
37   int pubb::get_var2()
38   {
39           return(var2);
40   }
41
42   // this is the overloaded function
43   // it is called when the invoking object is of type pubb
44   void pubb::manipulate_var1(int ix)
45   {
46           cout << "In derived class manipulate_var1, adding"
47           << ix << " to " << this->get_var1() << endl
48           << "multiplying "
49           << var2 << " by " << 2 << endl;
50
51           this->set_var1( this->get_var1() + ix);
52           var2 *= 2;
53   }
54
```

```
1    main()
2    {
3            // declare an object of the base type
4            b obj1;
5
6            // make calls to the base class functions
7            cout << "Initial value of obj1.var1 is " << obj1.get_var1() << endl;
8            obj1.set_var1(53);
9            cout << "New    value of obj1.var1 is " << obj1.get_var1() << endl;
10           obj1.manipulate_var1(2);          // base class function called
11           cout << "New    value of obj1.var1 is " << obj1.get_var1() << endl;
12
13           // declare an object of the derived type
14           pubb    obj2;
15
16           // make calls to the derived class functions
17           cout << "\nInitial value of obj2.var1 is " << obj2.get_var1() << endl;
18           cout << "Initial value of obj2.var2 is " << obj2.get_var2() << endl;
19
20           cout << "Calling obj2.set_var1(7) and obj2.set_var2(17)\n";
21           obj2.set_var1(7);
22           obj2.set_var2(17);
23           cout << "New    value of obj2.var1 is " << obj2.get_var1() << endl;
24           cout << "New    value of obj2.var2 is " << obj2.get_var2() << endl;
25
26           // Which manipulate_var1 will be called?  Derived or Base?
27           cout << "\nCalling manipulate_var1 via obj2.manipulate_var1(2) \n";
28           obj2.manipulate_var1(2);          // derived class function is called
29           cout << "New    value of obj2.var1 is " << obj2.get_var1() << endl;
30           cout << "New    value of obj2.var2 is " << obj2.get_var2() << endl;
31
32           // force call to the base class functions
33           cout << "\nCalling manipulate_var1 via obj2.b::manipulate_var1(2) \n";
34           obj2.b::manipulate_var1(3);          // base class function called because of name forcing
35           cout << "New values for obj2 are " <<
36           obj2.get_var1() << " " <<
37           obj2.get_var2() << endl;
38   }
39
```

210

1   Output From Running Program
2
3   In b no arg constructor
4   Initial value of obj1.var1 is 10
5   New   value of obj1.var1 is 53
6   **In base class** manipulate_var1, multiplying 53 by 2
7   New   value of obj1.var1 is 106
8   In b no arg constructor
9   In pubb no arg constructor
10
11   Initial value of obj2.var1 is 10
12   Initial value of obj2.var2 is 5
13   Calling obj2.set_var1(7) and obj2.set_var2(17)
14   New   value of obj2.var1 is 7
15   New   value of obj2.var2 is 17
16
17   Calling manipulate_var1 via obj2.manipulate_var1(2)
18   **In derived class** manipulate_var1, adding2 to 7
19   multiplying 17 by 2
20   New   value of obj2.var1 is 9
21   New   value of obj2.var2 is 34
22
23   Calling manipulate_var1 via obj2.b::manipulate_var1(2)
24   **In base class** manipulate_var1, multiplying 9 by 3
25   New values for obj2 are 27 34
26

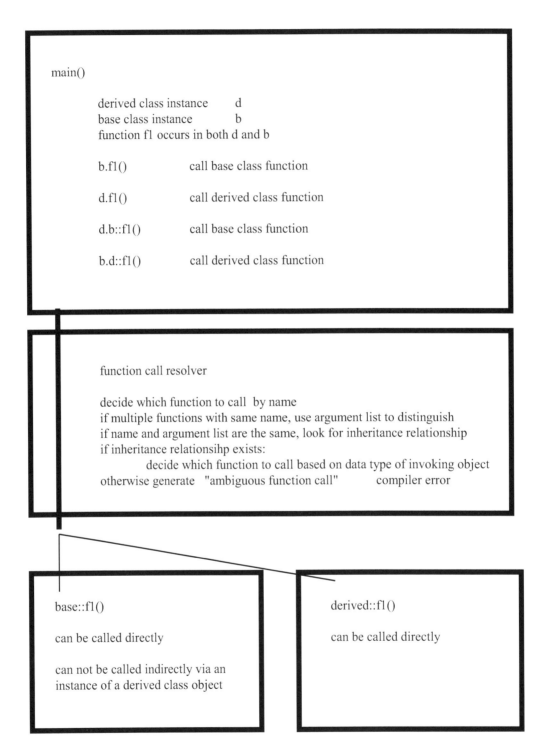

main()

       derived class instance   d
       base class instance   b
       function f1 occurs in both d and b

       b.f1()   call base class function

       d.f1()   call derived class function

       d.b::f1()   call base class function

       b.d::f1()   call derived class function

---

function call resolver

decide which function to call by name
if multiple functions with same name, use argument list to distinguish
if name and argument list are the same, look for inheritance relationship
if inheritance relationsihp exists:
       decide which function to call based on data type of invoking object
otherwise generate   "ambiguous function call"   compiler error

---

base::f1()

can be called directly

can not be called indirectly via an
instance of a derived class object

---

derived::f1()

can be called directly

Section7.doc

Inheritance leads to some very powerful possibilities in the C++ programming language. Virtual functions allow us to utilize late binding which allows us to implement polymophic data structures.
A polymorphic data structure is a data structure that can hold objects of different types.

For example, how would you like to have an array that could hold cars and trucks and any other type of vehicle you ever dreamed of. Cars and trucks are different data types, however, a polymorphic data structure, through the magic of late binding, can make a truly powerful data structure.

I call late binding and virtual functions and polymorphic data structures the general purpose car wash.
When you go the car wash, is there a car wash for small cars, a car wash for mid sized cars, a car wash for small trucks, a car wash for full sized cars, a car wash for jeeps, and so on???
NO!
There is a car wash for four wheeled vehicles.
How can the car wash designers get away with this?
It's because of that orange rubber thing that grabs your left front tire.
The car wash knows that all VEHICLES are going to have a left front tire that is between this width and that width and as long as they recognize that fact who cares what the rest of the car looks like.

We are used to polymorphism in our every day lives, it's time we started getting polymorphism into our programming languages.

Late Binding
Virtual Functions
Deep Hierarchies
Multiple Chains of Virtuality.

p2bp2d.cpp	polymorphism, pointers and late binding
p2bp2d1.cpp	polymorphism, pointers and late binding
p2bp2d2.cpp	virtual functions
p2bp2d3.cpp	3 deep chain of virtuality and late binding
name.h name.cpp	class definition for a human name
drv_name.cpp	program to exercise name class
address.h address.cpp	class definition for a human address
drv_addr.cpp	program to exercise address class
polyarray.cpp	program that demonstrates polymorphic arrays and virtual functions in action.

1   Examine the issues of polymorphism in an inheritance hierarchy. f1 is in base and derived classes

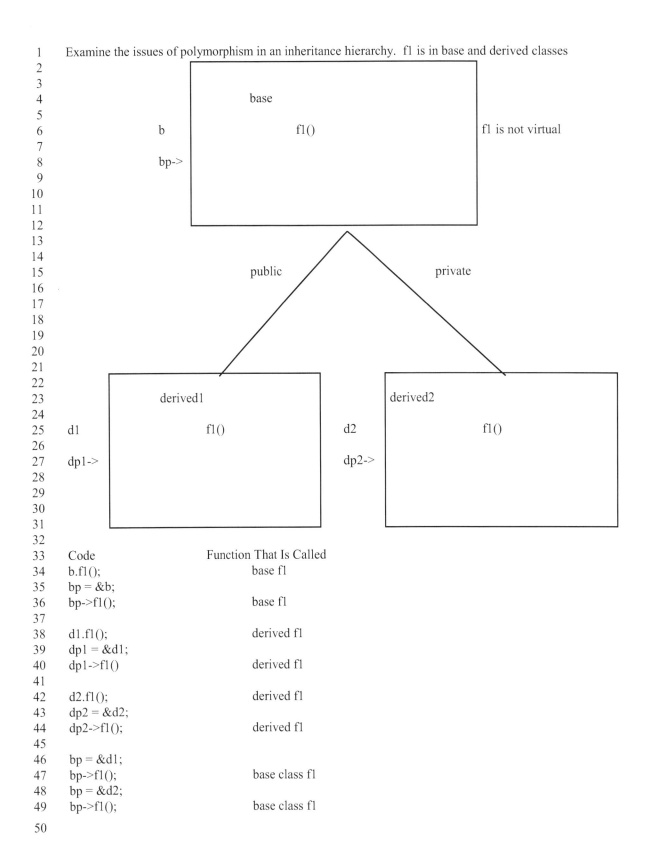

33   Code   Function That Is Called
34   b.f1();   base f1
35   bp = &b;
36   bp->f1();   base f1
37
38   d1.f1();   derived f1
39   dp1 = &d1;
40   dp1->f1()   derived f1
41
42   d2.f1();   derived f1
43   dp2 = &d2;
44   dp2->f1();   derived f1
45
46   bp = &d1;
47   bp->f1();   base class f1
48   bp = &d2;
49   bp->f1();   base class f1
50

```
1    // pointer_to_base__pointer_to_derived.C
2    // p2bp2d.cpp
3    #if 0
4
5    When you have a base class and 1 or more classes derived from that base
6    class, in either a flat hierarchy or a deep hierarchy, you can implement very
7    powerful and extremely useful data structures built on two features of C++:
8            Variables of type pointer to base class may hold the address of
9                    either a base class object or any object of a class derived
10                   from that base class
11           If there is a polymorphic function shared between the base class and
12                   the derived class, then which function is called can be
13                   determined either at compile time OR at run time.
14           When it is determined is based on whether the polymorphic
15                   function has been declared VIRTUAL in the base class or not
16                   AND based on whether the polymorphic function is called
17                   using an object of a certain type or a pointer to a certain
18                   type.  There are many possibilities, the subsequent programs
19                   hopefully illustrate all the confusing yet infinitely valuable possibilities.
20
21   In this program there is a base class and two derived classes.
22   One class derives publicly, the other derives privately.
23   There is a function f1 in the base class
24   There is a function f1 in each of the derived classes
25
26   If we call f1 using an instance of an object then we know which f1
27   will be called. The function call will be determined at compile time by the
28   data type of the bound object.
29
30   But what if we aren't calling f1 using a bound object?
31
32   What if we are calling f1 using a pointer mechanism?
33   Will which function to call be determined by using the data type of the pointer
34   or the data type of the object being pointed to?
35   This program and the two which follow demonstrate the answer.
36
37
```

Which function is called is determined first by the data type of the bound
object. If the type of the bound object is known and is not a pointer, then
static binding is employed.

If the bound object is a pointer there are two situations:
     1. the pointer holds the address of an object of the "proper" type
        where proper is either base or derived
        i.e. the pointer is of type pointer to base and the address
        stored is the address of a base class object or the pointer is
        of type pointer to derived and the address stored is the
        address of a derived class object

     2. the pointer holds the address of an object of a "derived" type
        i.e. the pointer is of type pointer to base but the address
        stored is the address of a derived class object

In this case, if the base class function is NOT VIRTUAL
     then the base class function is called, regardless of the data type of
     the object being pointed to because of the data type of the pointer.

     if the base class function is VIRTUAL
     then the base class or derived class function is called based on the
     data type of the object being pointed to, not the data type of the
     pointer. This is called DYNAMIC BINDING.

This program does not use virtual functions
it shows how non virtual functions will always revert to the base class function
if a base class pointer is used because of the data type of the pointer
#endif

```cpp
#include <iostream.h>
class base
{
        private:
                int x;
        public:
                void f1() { cout << "In base::f1\n";}
};

class derived1 : public base
{
        private:
                int y;
        public:
                void f1() { cout << "In derived1::f1\n"; }
};

class derived2 : private base
{
        private:
                int y;
        public:
                void f1() { cout << "In derived2::f1\n"; }
};
```

216

```
1    main()
2    {
3                    // these allocations and assignments make sense
4                    // we are putting addresses of objects that are of the type
5                    // that the pointer is supposed to point to
6                    base b;                  // base class object
7                    base * bp = & b;         // pointer to base with address of base object
8
9                    // call the function f1 that is in the base class
10                   // the compiler knows which one to call based on the data type of the
11                   // invoking object b
12                   cout << "Calling b.f1() ";
13                   b.f1();
14                   // in this call the compiler knows which function to call based on
15                   // the data type of the pointer, pointer to base
16                   cout << "Calling bp->f1() with address of base object b  ";
17                   bp->f1();
18                   cout << endl;
19
20                   derived1 d1;
21                   derived1 * dp1 = & d1;    // derived, pointer to derived
22
23                   // call the function f1 that is in the derived class
24                   // the compiler knows which one to call based on the data type of the
25                   // invoking object
26                   cout << "Calling d1.f1() ";
27                   d1.f1();
28                   // in this call the compiler knows which function to call based on
29                   // the data type of the pointer, pointer to derived
30                   cout << "Calling dp1->f1() with address of derived object d1  ";
31                   dp1->f1();
32                   cout << endl;
33
34
35                   derived2 d2;
36                   derived2 * dp2 = & d2;    // derived, pointer to derived
37
38                   // call the function f1 that is in the base class
39                   // the compiler knows which one to call based on the data type of the
40                   // invoking object
41                   cout << "Calling d2.f1() ";
42                   d2.f1();
43                   // in this call the compiler knows which function to call based on
44                   // the data type of the pointer, pointer to derived
45                   cout << "Calling dp2->f1() with address of derived object d2  ";
46                   dp2->f1();
47                   cout << endl;
48
```

```
1        // assign a derived address to a pointer to base class object
2        bp = &d1;
3        cout << "Calling bp->f1() with address of derived object d1   ";
4        bp->f1();           // which function will get called, base or derived?
5        // the base class function is called because of the data type of the
6        // pointer, IF THE FUNCTION F1 WERE VIRTUAL, the derived function
7        // would have been called
8
9        // bp = &d2;        // cannot assign address of privately derived object
10                           // to a pointer to base because of the private
11                           // derivation
12                           // In a later program we will attempt to resolve
13                           // this problem
14       // bp->f1();        // which function will get called, base or derived?
15
16       // now try to make an arary of pointers to base and populate it with
17       // addresses of both base and derived objects
18       // this works.  It is called a POLYMORPHIC data structure
19       // the next program illustrates an outstanding usage of this structure
20       base * barray[4];
21
22       barray[0] = bp;
23       barray[1] = dp1;
24
25       // this line won't work because of the private derivation
26       // barray[2] = dp2;
27
28       cout << "Calling barray[0]->f1() ";
29       barray[0]->f1();
30       cout << endl;
31       cout << "Calling barray[1]->f1() ";
32       barray[1]->f1();
33       cout << endl << endl;
34   }
35
```

Output From Running Program

Calling b.f1() In base::f1
Calling bp->f1() with address of base object b In base::f1

Calling d1.f1() In derived1::f1
Calling dp1->f1() with address of derived object d1 In derived1::f1

Calling d2.f1() In derived2::f1
Calling dp2->f1() with address of derived object d2 In derived2::f1

Calling bp->f1() with address of derived object d1 In base::f1
Calling barray[0]->f1() In base::f1

Calling barray[1]->f1() In base::f1

1   Examine "bottom of hierarchy only" functions. f2 is only in the deriving classes, not the base class

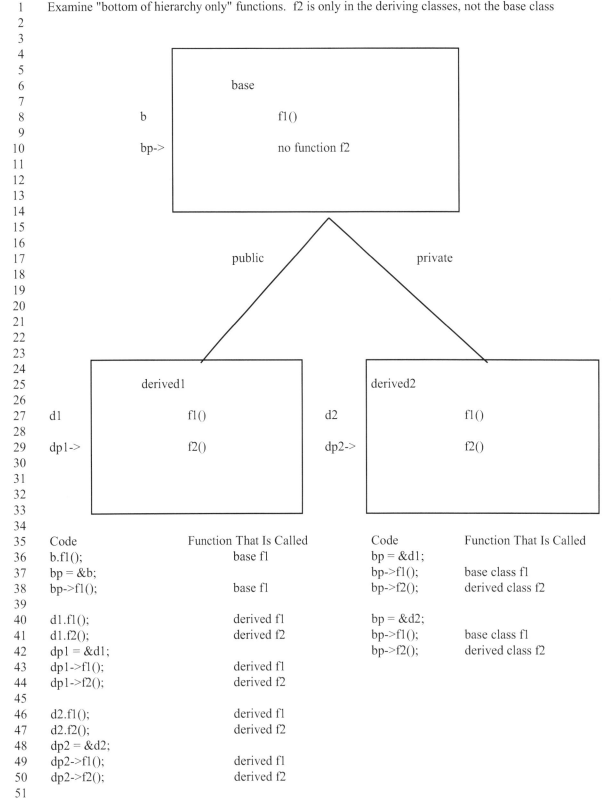

35   Code   Function That Is Called   Code   Function That Is Called
36   b.f1();   base f1   bp = &d1;
37   bp = &b;   bp->f1();   base class f1
38   bp->f1();   base f1   bp->f2();   derived class f2
39
40   d1.f1();   derived f1   bp = &d2;
41   d1.f2();   derived f2   bp->f1();   base class f1
42   dp1 = &d1;   bp->f2();   derived class f2
43   dp1->f1();   derived f1
44   dp1->f2();   derived f2
45
46   d2.f1();   derived f1
47   d2.f2();   derived f2
48   dp2 = &d2;
49   dp2->f1();   derived f1
50   dp2->f2();   derived f2
51

```cpp
1    // pointer_to_base__pointer_to_derived1.C
2    // p2bp2d1.cpp
3
4
5    // this program extends pointer_to_base__pointer_to_derived.C by adding a
6    // function f2 to the derived classes.  There is no function f2 in the base
7    // class.  The question then  becomes, can f2 be called using the pointer
8    // methods that were employed to call f1 in the previous program?
9
10   // The answer is yes.
11   // Since f2 is not polymorphic on a base class function, the call will resolve
12   // to the derived class object
13   // Furthermore, calls to f2 cannot be made using a pointer to base class object
14   // even if it holds the address of a derived class object because static
15   // binding is used because the functions are still not declared VIRTUAL
16
17   #include <iostream.h>
18
19   class base
20   {
21           private:
22                   int x;
23           public:
24                   void f1() { cout << "In base::f1\n";}
25   };
26
27   class derived1 : public base
28   {
29           private:
30                   int y;
31           public:
32                   void f1() { cout << "In derived1::f1\n"; }
33                   void f2() { cout << "In derived1::f2\n"; }
34   };
35
36   class derived2 : private base
37   {
38           private:
39                   int y;
40           public:
41                   void f1() { cout << "In derived2::f1\n"; }
42                   void f2() { cout << "In derived2::f2\n"; }
43   };
44
```

```
1    main()
2    {
3            base b;                    // base class object
4            base * bp = & b;           // pointer to base with address of base object
5
6            cout << "Calling b.f1() ";
7            b.f1();
8            // b.f2();                  // there is no f2 function in the base class
9            cout << "Calling bp->f1() with address of base object b  ";
10           bp->f1();
11           // bp->f2();                // there is no f2 function in base class
12           cout << endl;
13
14
15           derived1 d1;
16           derived1 * dp1 = & d1;     // derived, pointer to derived
17
18           cout << "Calling d1.f1() ";
19           d1.f1();                   // the derived f1 is called
20           cout << "Calling d1.f2() ";
21           d1.f2();                   // the derived f2 is called
22           cout << "Calling dp1->f1() with address of derived object d1  ";
23           dp1->f1();                 // the derived f1 is called because dp1 is of type
24                                      // pointer to derived
25           cout << "Calling dp1->f2() with address of derived object d1  ";
26           dp1->f2();                 // the derived f2 is called because dp1 is of type
27                                      // pointer to derived
28           cout << endl;
29
30
31           derived2 d2;
32           derived2 * dp2 = & d2;     // derived, pointer to derived
33
34           // call the function f1 that is in the base class
35           // the compiler knows which one to call based on the data type of the
36           // invoking object or the data type of the pointer
37           cout << "Calling d2.f1() ";
38           d2.f1();                   // derived f1 called because d2 is of type derived
39           cout << "Calling d2.f2() ";
40           d2.f2();                   // derived f2 is called because d2 is of type derived
41           cout << "Calling dp2->f1() with address of derived object d2  ";
42           dp2->f1();                 // derived f1 called, dp2 of type pointer to derived
43           cout << "Calling dp2->f2() with address of derived object d2  ";
44           dp2->f2();                 // derived f2 called, dp2 of type pointer to derived
45           cout << endl;
46
```

```
// assign the address of a derived object to a variable of type pointer
// to base
bp = &d1;
cout << "Calling bp->f1() with address of derived object d1  ";
bp->f1();                 // which function will get called, base or derived?
                          // the base function is called because f1 is not
                          // VIRTUAL and bp is of type pointer to base

// bp->f2();              // there is no base class function f2 and bp is of
                          // type pointer to base

// bp = &d2;              // can't do this assignment because private derivation
// bp->f1();              // can't do this call
// bp->f2();              // can't do this call

// now try to make an arary of pointers to base and populate it with
// addresses of both base and derived objects
// this works.  It is called a POLYMORPHIC data structure
// the next program illustrates an outstanding usage of this structure
base * barray[4];

barray[0] = bp;
barray[1] = dp1;

// this line won't work because of the private derivation
// barray[2] = dp2;

cout << "Calling barray[0]->f1() ";
barray[0]->f1();
cout << endl;
cout << "Calling barray[1]->f1() ";        // will the base or derived be called?
barray[1]->f1();

// cout << "Calling barray[1]->f2() ";      // will the derived be accessible?
// barray[1]->f2();                         // NO
cout << endl << endl;
}
```

1   Output From Running Program
2
3   Calling b.f1() In base::f1
4   Calling bp->f1() with address of base object b In base::f1
5
6   Calling d1.f1() In derived1::f1
7   Calling d1.f2() In derived1::f2
8   Calling dp1->f1() with address of derived object d1 In derived1::f1
9   Calling dp1->f2() with address of derived object d1 In derived1::f2
10
11   Calling d2.f1() In derived2::f1
12   Calling d2.f2() In derived2::f2
13   Calling dp2->f1() with address of derived object d2 In derived2::f1
14   Calling dp2->f2() with address of derived object d2 In derived2::f2
15
16   Calling bp->f1() with address of derived object d1 In base::f1
17   Calling barray[0]->f1() In base::f1
18
19   Calling barray[1]->f1() In base::f1
20
21
22
23

224

1 Examine Virtual Functions. f3 is a virtual function, it is in the base class and the deriving classes.
2
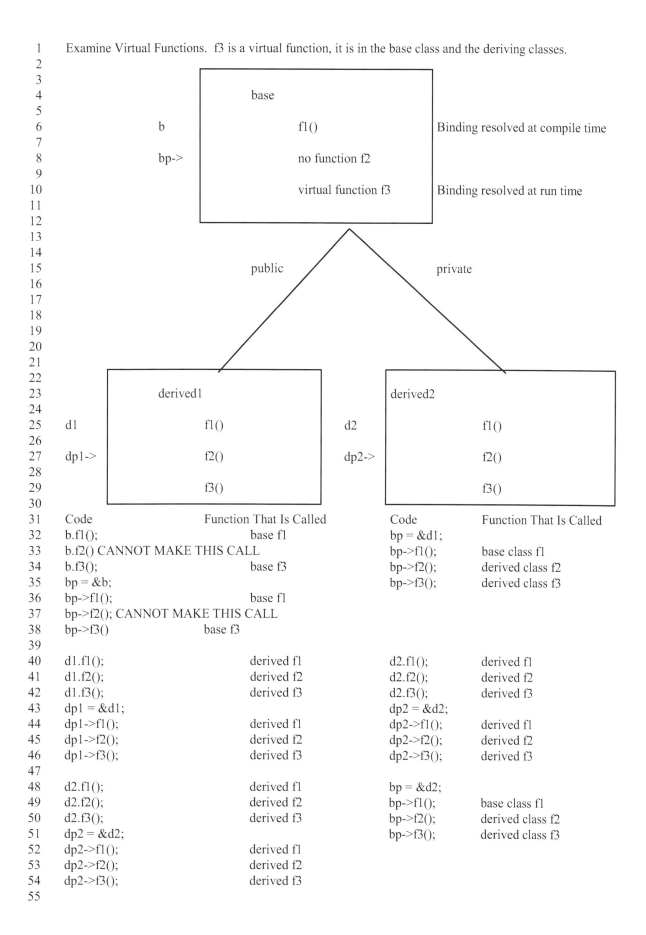
3
4
5
6 b   f1()   Binding resolved at compile time
7
8 bp->   no function f2
9
10   virtual function f3   Binding resolved at run time
11
12
13
14
15   public   private
16
17
18
19
20
21
22
23   derived1   derived2
24
25 d1   f1()   d2   f1()
26
27 dp1->   f2()   dp2->   f2()
28
29   f3()   f3()
30
31 Code   Function That Is Called   Code   Function That Is Called
32 b.f1();   base f1   bp = &d1;
33 b.f2() CANNOT MAKE THIS CALL   bp->f1();   base class f1
34 b.f3();   base f3   bp->f2();   derived class f2
35 bp = &b;   bp->f3();   derived class f3
36 bp->f1();   base f1
37 bp->f2(); CANNOT MAKE THIS CALL
38 bp->f3()   base f3
39
40 d1.f1();   derived f1   d2.f1();   derived f1
41 d1.f2();   derived f2   d2.f2();   derived f2
42 d1.f3();   derived f3   d2.f3();   derived f3
43 dp1 = &d1;   dp2 = &d2;
44 dp1->f1();   derived f1   dp2->f1();   derived f1
45 dp1->f2();   derived f2   dp2->f2();   derived f2
46 dp1->f3();   derived f3   dp2->f3();   derived f3
47
48 d2.f1();   derived f1   bp = &d2;
49 d2.f2();   derived f2   bp->f1();   base class f1
50 d2.f3();   derived f3   bp->f2();   derived class f2
51 dp2 = &d2;   bp->f3();   derived class f3
52 dp2->f1();   derived f1
53 dp2->f2();   derived f2
54 dp2->f3();   derived f3
55

225

```
1    // pointer_to_base__pointer_to_derived2.C
2    // p2bp2d2.cpp
3
4    // this program extends pointer_to_base__pointer_to_derived1.C by adding a
5    // function f3 to the derived classes.  There is a function f3 in the base
6    //class and it has been declared to be VIRTUAL.  The question then
7    // becomes, can f3 be called using the pointer methods that were employed to
8    // call f1 in the previous program and if so, which function f3 will be called,
9    // the base or derived function class function?
10
11   // VIRTUAL functions cause DYNAMIC binding to used to determine which function
12   // to call.  That means, that the function call will not be resolved at compile
13   // time based on the data type of the invoking object or the data type of
14   // the pointer used to do the invocation but rather at run time
15   // based on the data type of the invoking object or the data type of the
16   // address stored in a pointer REGARDLESS OF THE DATA TYPE OF THE POINTER
17
18   #include <iostream.h>
19
20   class base
21   {
22           private:
23                   int x;
24           public:
25                   void f1() { cout << "In base::f1\n";}
26                   virtual void f3() { cout << "In base::f3\n"; }
27   };
28
29   class derived1 : public base
30   {
31           private:
32                   int y;
33           public:
34                   void f1() { cout << "In derived1::f1\n"; }
35                   void f2() { cout << "In derived1::f2\n"; }
36                   void f3() { cout << "In derived1::f3\n"; }
37   };
38
39   class derived2 : private base
40   {
41           private:
42                   int y;
43           public:
44                   void f1() { cout << "In derived2::f1\n"; }
45                   void f2() { cout << "In derived2::f2\n"; }
46                   void f3() { cout << "In derived2::f3\n"; }
47   };
48
```

```
1    main()
2    {
3            base b;
4            base * bp = & b;            // base, pointer to base
5
6            cout << "Calling b.f1() ";
7            b.f1();
8            // b.f2();                    // there is no f2 in base class objects
9            cout << "Calling b.f3() ";
10           b.f3();
11           cout << "Calling bp->f1() with address of base object b  ";
12           bp->f1();
13           // bp->f2();                  // there is no f2 in base class objects
14           cout << "Calling bp->f3() with address of base object b  ";
15           bp->f3();
16           cout << endl;
17
18           derived1 d1;
19           derived1 * dp1 = & d1;     // derived, pointer to derived
20
21           cout << "Calling d1.f1() ";
22           d1.f1();                    // derived class object called, d1 determines
23           cout << "Calling d1.f2() ";
24           d1.f2();                    // derived class object called, d1 determines
25           cout << "Calling d1.f3() ";
26           d1.f3();                    // derived class object called, d1 determines
27           cout << "Calling dp1->f1() with address of derived object d1  ";
28           dp1->f1();                  // derived class object called, dp1 determines
29           cout << "Calling dp1->f2() with address of derived object d1  ";
30           dp1->f2();                  // derived class object called, dp1 determines
31           cout << "Calling dp1->f3() with address of derived object d1  ";
32           dp1->f3();                  // derived class object called, dp1 determines
33           cout << endl;
34
35
36           derived2 d2;
37           derived2 * dp2 = & d2;     // derived, pointer to derived
38
39           // call the function f1 that is in the base class
40           // the compiler knows which one to call based on the data type of the
41           // invoking object or the data type of the pointer
42           cout << "Calling d2.f1() ";
43           d2.f1();                    // derived class object called, d2 determines
44           cout << "Calling d2.f2() ";
45           d2.f2();                    // derived class object called, d2 determines
46           cout << "Calling d2.f3() ";
47           d2.f3();                    // derived class object called, d2 determines
48           cout << "Calling dp2->f1() with address of derived object d2  ";
49           dp2->f1();                  // derived class object called, dp2 determines
50           cout << "Calling dp2->f2() with address of derived object d2  ";
51           dp2->f2();                  // derived class object called, dp2 determines
52           cout << "Calling dp2->f3() with address of derived object d2  ";
53           dp2->f3();                  // derived class object called, dp2 determines
54           cout << endl;
55
```

```
 1          // assign the address of a derived object to a variable of type pointer
 2          // to base
 3          bp = &d1;
 4          cout << "Calling bp->f1() with address of derived object d1  ";
 5          bp->f1();                    // base called, bp determines
 6          cout << "Calling bp->f3() ";
 7          bp->f3();                    // DERIVED called, address stored in bp determines
 8                                       // because f3 is VIRTUAL
 9
10          base * barray[4];
11          barray[0] = bp;
12          barray[1] = dp1;
13
14          cout << "Calling barray[0]->f1() ";
15          barray[0]->f1();
16          cout << endl;
17
18          cout << "Calling barray[1]->f1();         // base called.  why?
19          barray[1]->f1();
20          // cout << "Calling barray[1]->f2() ";    // can't make this call
21          //barray[1]->f2();                        // can't make this call
22          cout << "Calling barray[1]->f3() ";       // DERIVED CALLED.  WHY?
23          barray[1]->f3();
24          cout << endl << endl;
25      }
26
```

```
1    Output From Running Program
2
3    Calling b.f1() In base::f1
4    Calling b.f3() In base::f3
5    Calling bp->f1() with address of base object b  In base::f1
6    Calling bp->f3() with address of base object b  In base::f3
7
8    Calling d1.f1() In derived1::f1
9    Calling d1.f2() In derived1::f2
10   Calling d1.f3() In derived1::f3
11   Calling dp1->f1() with address of derived object d1  In derived1::f1
12   Calling dp1->f2() with address of derived object d1  In derived1::f2
13   Calling dp1->f3() with address of derived object d1  In derived1::f3
14
15   Calling d2.f1() In derived2::f1
16   Calling d2.f2() In derived2::f2
17   Calling d2.f3() In derived2::f3
18   Calling dp2->f1() with address of derived object d2  In derived2::f1
19   Calling dp2->f2() with address of derived object d2  In derived2::f2
20   Calling dp2->f3() with address of derived object d2  In derived2::f3
21
22   Calling bp->f1() with address of derived object d1  In base::f1
23   Calling bp->f3() In derived1::f3
24   Calling barray[0]->f1() In base::f1
25
26   Calling barray[1]->f1() In base::f1
27   Calling barray[1]->f3() In derived1::f3
28
29
30
31
```

```
1   base    f1()            b.f1()       base class f1       bp = &b
2                           b.v1()       base class v1       bp->f1(        base f
3                           b.fskip()    base class fskip    bp->v1()base v1
4   b       virtual v1()    b.fskip();   base class fskip    bp->fskip()    base fskip
5
6   bp->    fskip()
7
8
9                           derived1
10  d1      f1()            d1.f1()      derived class f1    dp1 = &d1
11                          d1.v1()      derived class v1    dp1->f1()      derived f1
12          v1()            d1.f2()      derived class f2    dp1->v1()      derived v1
13                          d1.v2()      derived class v2    dp1->f2()      derived f2
14          f2()            d1.fskip()   base class fskip    dp1->v2()      derived v2
15                                                           dp1->fskip()   base fskip
16          virtual v2()
17
18
19
20                          derived2
21
22  d2      f1()            d2.f1()      derived class f1    dp2 = &d2;
23                          d2.v1()      derived class v1    dp2->f1()      derived f1
24          v1              d2.f2()      derived class f2    dp2->v1()      derived v1
25                          d2.v2()      derived class v2    dp2->f2()      derived f2
26          f2              d2.fskip()   derived class fskip dp2->v2()      derived v2
27                                                           dp2->fskip()   derived fskip
28          v2
29
30          fskip()
31
```

NOW THESE ARE THE INTERESTING CALLS

```
33  bp = &d1;        base classs pointer with address of derived object
34  bp->f1()         base class f1
35  bp->v1()derived class v1
36  bp->fskip()      base class fskip
37  bp->f2()         CANNOT MAKE THIS CALL
38  bp->v2()CANNOT MAKE THIS CALL
39
40  bp = &d2;        base class pointer with address of object that inherited from object that inherited
41                        from the base class
42  bp->f1();        base class f1
43  bp->v2()derived 2 v2
44  bp->fskip()      base class fskip
45  bp->f2()         CANNOT MAKE THIS CALL
46  bp->v2()CANNOT  MAKE THIS CALL
47
48  dp1 = &d2;       pointer to class derived from base with address of object derived from  derived class
49  dp1->f1()        derived 1 f1
50  dp1->v1()        derived 2 v1
51  dp1->fskip()     base class fskip
52  dp1->f2()        derived 1 f2
53  dp1->v2()        derived 2 v2
54
```

230

```
1    // pointer_to_base__pointer_to_derived3.C
2    // p2bp2d3.cpp
3
4    // this program illustrates virtual functions in a deep hierarchy
5    #include <iostream.h>
6
7    class base
8    {
9            private:
10                   int x;
11           public:
12                   void f1() { cout << "In base::f1\n";}
13                   virtual void v1() { cout << "In base::v1\n"; }
14
15                   void fskip() { cout << "In base::fskip\n"; }
16   };
17
18   class derived1 : public base
19   {
20           private:
21                   int y;
22           public:
23                   void f1() { cout << "In derived1::f1\n"; }
24                   void v1() { cout << "In derived1::v1\n"; }
25
26                   // there is no f2 in base class
27                   // there is no v2 in base class
28
29                   // these two functions form a "terminus of function chains"
30                   // in the case of v2, a new "terminus of virtuality"
31                   void f2() { cout << "In derived1::f2\n"; }
32                   virtual void v2() { cout << "In derived1::v2\n"; }
33
34                   // notice that this class does not redefine fskip
35   };
36
37   // this class derives from derived1, not directly from base
38   class derived2 : public derived1
39   {
40           private:
41                   int y;
42           public:
43                   void f1() { cout << "In derived2::f1\n"; }
44                   void v1() { cout << "In derived2::v1\n"; }
45
46                   void f2() { cout << "In derived2::f2\n"; }
47                   void v2() { cout << "In derived2::v2\n"; }
48
49                   void fskip() { cout << "In derived2::fskip\n"; }
50   };
51
```

```
1    main()
2    {
3            base b;
4            base * bp = & b;              // base, pointer to base
5
6            // these calls illustrate the straight forward calls using a known object
7            cout << "\nCalling b.f1() ";
8            b.f1();
9            cout << "Calling b.v1() ";
10           b.v1();
11           cout << "Calling b.fskip() ";
12           b.fskip();
13
14           // and a pointer of type pointer to base holding the address
15           // of an object of type pointer to base
16           cout << "\nHave assigned address of b to bp \n";
17           cout << "Calling bp->f1() ";
18           bp->f1();
19           cout << "Calling bp->v1() ";
20           bp->v1();
21           cout << "Calling bp->fskip() ";
22           bp->fskip();
23
24           // these calls also illustrate straight forward calls using a known object of type derived 1
25           // and a pointer of type pointer to derived1 holding the address of a derived 1 class object
26           derived1 d1;
27           derived1 * dp1 = & d1;
28
29           cout << "\n\nCalling d1.f1() ";
30           d1.f1();                     // derived f1 called, d1 determines
31           cout << "Calling d1.v1() ";
32           d1.v1();                     // derived v1 called, d1 determines
33           cout << "Calling d1.fskip() ";
34           d1.fskip();                  // base called, no fskip in derived1 class
35                                        // therefore d1 determines through inheritance
36                                        // relationship with base
37           cout << "Calling d1.f2() ";
38           d1.f2();                     // derived f2 called, d1 determines
39           cout << "Calling d1.v2() ";
40           d1.v2();                     // derived v2 called, d1 determines
41
42           cout << "\nHave assigned &d1 to dp1 \n";
43           cout << "Calling dp1->f1() ";
44           dp1->f1();                   // derived f1 called, dp1 determines
45           cout << "Calling dp1->v1() ";
46           dp1->v1();                   // derived v1 called, dp1 determines
47           cout << "Calling dp1->fskip() ";
48           dp1->fskip();                // base called, no fskip in derived1 class
49                                        // therefore dp1 determines through inheritance
50                                        // relationship with base
51           cout << "Calling dp1->f2() ";
52           dp1->f2();                   // derived f2 called, dp1 determines
53           cout << "Calling dp1->v2() ";
54           dp1->v2();                   // derived v2 called, dp1 determines
55
```

```
 1    // these calls also illustrate straight forward calls using a known object of type derived 2
 2    // and a pointer of type pointer to derived2 holding the address of a derived 2 class object
 3    derived2 d2;
 4    derived2 * dp2 = & d2;
 5    cout << "\n\nCalling d2.f1() ";
 6    d2.f1();                    // derived f1 called, d2 determines
 7    cout << "Calling d2.v1() ";
 8    d2.v1();                    // derived v1 called, d2 determines
 9    cout << "Calling d2.fskip() ";
10    d2.fskip();                 // derived called, d2 determines
11    cout << "Calling d2.f2()";
12    d2.f2();                    // derived f2 called, d2 determines
13    cout << "Calling d2.v2() ";
14    d2.v2();                    // derived v2 called, d2 determines
15
16    cout << "\nHave assigned &d2 to dp2\n";
17    cout << "Calling dp2->f1() ";
18    dp2->f1();                  // derived f1 called, dp2 determines
19    cout << "Calling dp2->v1() ";
20    dp2->v1();                  // derived f1 called, dp2 determines
21    cout << "Calling dp2->fskip() ";
22    dp2->fskip();               // derived called
23    cout << "Calling dp2->f2() ";
24    dp2->f2();                  // derived f2 called, dp2 determines
25    cout << "Calling dp2->v2() ";
26    dp2->v2();                  // derived v2 called, dp2 determines
27
28    // now assign the address of a derived1 object to bp
29    cout << "\n\nHave assigned &d1 to bp " << endl;
30    bp = & d1;
31    cout << "Calling bp->f1() ";
32    bp->f1();                   // base called, bp determines
33    cout << "Calling bp->v1() ";
34    bp->v1();                   // derived called, &d1 determines
35    cout << "Calling bp->fskip() ";
36    bp->fskip();                // base called, no fskip in derived1 class
37    //cout << "Calling bp->f2() ";
38    // bp->f2();                   CANNOT MAKE THIS CALL
39    //cout << "Calling bp->v2() ";
40    // bp->v2();                   CANNOT MAKE THIS CALL
41    cout << endl << endl;
42    // now assign the address of a derived2 object to bp
43    cout << "\n\nHAVE ASSIGNED &d2 to bp " << endl;
44    bp = & d2;
45    cout << "Calling bp->f1() ";
46    bp->f1();                   // base called, bp determines
47    cout << "Calling bp->v1() ";
48    bp->v1();                   // derived called, &d1 determines
49    cout << "Calling bp->fskip() ";
50    bp->fskip();                // base called, bp determines
51    //cout << "Calling bp->f2() ";
52    //bp->f2();                   CANNOT MAKE THIS CALL
53    //cout << "Calling bp->v2() ";
54    //bp->v2();                   CANNOT MAKE THIS CALL
```

```
 1            // now assign the address of a derived2 object to dp1
 2            dp1 = & d2;
 3            cout <<  "\n\nHave Assigned &d2 to dp1 " << endl;
 4            cout << "Calling dp1->f1() ";
 5            dp1->f1();                //                derived1::f1 is called
 6            cout << "Calling dp1->v1() ";
 7            dp1->v1();                //                derived2::v1 is called
 8            cout << "Calling dp1->fskip() ";
 9            dp1->fskip();             //                base::fskip is called
10            cout << "Calling dp1->f2() ";
11            dp1->f2();                //                derived1::f2 is called
12            cout << "Calling dp1->v2() ";
13            dp1->v2();                //                derived2::v2 is called
14      }
```

Output From Running Program

Calling b.f1() In base::f1
Calling b.v1() In base::v1
Calling b.fskip() In base::fskip

Have assigned address of b to bp
Calling bp->f1() In base::f1
Calling bp->v1() In base::v1
Calling bp->fskip() In base::fskip

Calling d1.f1() In derived1::f1
Calling d1.v1() In derived1::v1
Calling d1.fskip() In base::fskip
Calling d1.f2() In derived1::f2
Calling d1.v2() In derived1::v2

Have assigned &d1 to dp1
Calling dp1->f1() In derived1::f1
Calling dp1->v1() In derived1::v1
Calling dp1->fskip() In base::fskip
Calling dp1->f2() In derived1::f2
Calling dp1->v2() In derived1::v2

Calling d2.f1() In derived2::f1
Calling d2.v1() In derived2::v1
Calling d2.fskip() In derived2::fskip
Calling d2.f2()In derived2::f2
Calling d2.v2() In derived2::v2

Have assigned &d2 to dp2
Calling dp2->f1() In derived2::f1
Calling dp2->v1() In derived2::v1
Calling dp2->fskip() In derived2::fskip
Calling dp2->f2() In derived2::f2
Calling dp2->v2() In derived2::v2

Have assigned &d1 to bp
Calling bp->f1() In base::f1
Calling bp->v1() In derived1::v1
Calling bp->fskip() In base::fskip

HAVE ASSIGNED &d2 to bp
Calling bp->f1() In base::f1
Calling bp->v1() In derived2::v1
Calling bp->fskip() In base::fskip

Have Assigned &d2 to dp1
Calling dp1->f1() In derived1::f1
Calling dp1->v1() In derived2::v1
Calling dp1->fskip() In base::fskip
Calling dp1->f2() In derived1::f2
Calling dp1->v2() In derived2::v2

235

```
 1   // name.h
 2   // introduce the name class
 3   // This is a class that I came up with to model a human name
 4   // It is far from complete but it gives you the idea
 5   // This class and an associated class, address, are going to be
 6   // EMBEDDED in another class
 7
 8   // our class descriptions will be in files labelled          .h
 9   // the implementations of a class will be in files labelled      .cpp
10   // programs to test a class will be in files labelled              ___.cpp
11
12   // this mechanism prevents this .h file from being included more than once
13   // this is important to do if you are going to embed classes or inherit
14   #ifndef NAME_PROTECTOR
15   #define NAME_PROTECTOR
16
17   #include <iostream.h>
18   #include <string.h>
19
20   #define          MAX_NAME_LEN          50
21
22   class name
23   {
24          private:
25                  char n[MAX_NAME_LEN];        // the characters to store
26                  int  len;                    // length of stored name
27                  int initialized;             // has the name been set yet?
28          public:
29                  void print_name();           // function to print a name
30                  void set_name(char *);       // function to change a name
31                  void get_name_from_user();
32
33                  name(char *);                // one argument constructor
34                  name();                      // no argument constructor
35
36                  int is_it_initialized();     // returns 0 if name has not been set
37                  int what_is_len();           // return value of len field
38                  char * what_is_name();       // return the value of n field
39   };
40   #endif
41
```

```cpp
// name.cpp
// implement the name class described in name.h
#include <iostream.h>
#include <stdlib.h>
#include "name.h"

void name::print_name()
{
        cout << n << endl;              // print out the name field
}

// receive a name, error check on length, prompt if necessary
void name::set_name(char * s)
{
        len = strlen(s);               // get length of new name
        while ( len > MAX_NAME_LEN )
        {
                cout << "Name is too long, try again" << endl;
                cin >> s;
                len = strlen(s);
        }
        strcpy(&n[0],s);               // copy new name into new area of memory
        initialized = 1;               // set the initialized field
        return;
}
```

```
1    void name::get_name_from_user()
2    {
3            char temp [MAX_NAME_LEN * 2];
4            char * tptr = &temp[0];
5            char inchar;
6
7            cout << "What is your name?\n";
8
9            // account for any carriage return that may have been left over
10           cin.get(inchar);
11           if ( inchar == '\n' )
12           {
13                   // go ahead and get next char, looking for non cr
14                   cin.get(inchar);
15           }
16
17           // continue to read characters until next new line is encountered
18           while ( inchar != '\n' )
19           {
20                   *tptr++ = inchar;
21                   cin.get(inchar);
22           }
23           *tptr = NULL;            // replace the newline with a null
24           len = strlen(temp);      // get length of new name
25           while ( len > MAX_NAME_LEN )
26           {
27                   cout << "Name is too long, try again" << endl;
28                   cout << "What is your name?\n";
29
30                   tptr = &temp[0];
31                   cin.get(inchar);
32
33                   while ( inchar != '\n' )
34                   {
35                           *tptr++ = inchar;
36                           cin.get(inchar);
37                   }
38
39                   *tptr = '\0';
40                   len = strlen(temp);
41           }
42           strcpy(&n[0],temp);      // copy new name into new area of memory
43           initialized = 1;         // set the initialized field
44           return;
45   }
46
```

```
1     name::name(char * s)
2     {
3     #ifdef TRACE
4             cout << "name char * constructor called \n";
5     #endif
6             len = strlen(s);                // get length of new name
7             while ( len > MAX_NAME_LEN )
8             {
9                     cout << "Name is too long, try again" << endl;
10                    cin >> s;
11                    len = strlen(s);
12            }
13
14            strcpy(&n[0],s);               // copy new name into new area of memory
15            initialized = 1;                // set the initialized field
16            return;
17    }
18
19    // this is the no argument constructor
20    name::name()
21    {
22    #ifdef TRACE
23            cout << "name no arg constructor called \n";
24    #endif
25
26            len = strlen("Uninitialized Name");        // get length of new name
27            strcpy(&n[0],"Uninitialized Name");        // copy name into memory
28            initialized = 0;                           // set the initialized field to not set
29            return;
30    }
31
32    // these are convenience functions which provide access to private data
33    int name::what_is_len()
34    {
35            return(len);
36    }
37
38    char * name::what_is_name()
39    {
40            return(n);
41    }
42
43    int name::is_it_initialized()
44    {
45            return(initialized);
46    }
47
```

```cpp
1     // drv_name.cpp
2     // to compile this program  use
3     // tcc drv_name.cpp name.cpp
4
5     // this program will exercise the name class
6     // it tries to call every function that is implemented in the name class
7     // A program like this is invaluable in the documentation of your class
8
9     #include <iostream.h>
10    #include "name.h"
11
12    main()
13    {
14            // Cause the no argument constructor to be invoked
15            name n1;
16            cout << "Calling print_name for uninitialized n1 \n";
17            n1.print_name();
18            cout << "return value from what_is_len is " << n1.what_is_len() << endl;
19            cout << "return value from initialized  is " << n1.is_it_initialized() << endl;
20
21            // exercise the set_name function
22            n1.set_name("John Timothy Kalnay");
23            cout << "Repeating call sequence after setting name to jtk\n";
24            n1.print_name();
25            cout << "return value from what_is_len is " << n1.what_is_len()  << endl;
26            cout << "return value from initialized  is " << n1.is_it_initialized() << endl;
27
28            // cause the one arg constructor to be called
29            name n2("Dr. Susann Marie Brady Kalnay");
30            cout << "Repeating call sequence after creating n2 with name in it\n";
31            n2.print_name();
32            cout << "return value from what_is_len is " << n2.what_is_len() << endl;
33            cout << "return value from initialized  is " << n2.is_it_initialized() << endl;
34
35            name n3;
36            n3.get_name_from_user();
37            n3.print_name();
38            cout << "return value from what_is_len is " << n3.what_is_len() << endl;
39            cout << "return value from initialized  is " << n3.is_it_initialized()<< endl;
40    }
41
```

```
1    Output From Running Program
2
3    Calling print_name for uninitialized n1
4    Uninitialized Name
5    return value from what_is_len is 18
6    return value from initialized  is 0
7    Repeating call sequence after setting name to jtk
8    John Timothy Kalnay
9    return value from what_is_len is 19
10   return value from initialized  is 1
11   Repeating call sequence after creating n2 with name in it
12   Dr. Susann Marie Brady Kalnay
13   return value from what_is_len is 29
14   return value from initialized  is 1
15
```

```
1    // address.h
2    // introduce the address class
3    // ask yourself if this differs from the name class?  Could name and address both be instances of a
4    // string -like class?
5    #ifndef ADDRESS_PROTECTOR
6    #define ADDRESS_PROTECTOR
7
8    #include <iostream.h>
9    #include <string.h>
10
11   #define  MAX_ADDRESS_LEN   50
12
13   class address
14   {
15           private:
16                   char a[MAX_ADDRESS_LEN];
17                   int  len;                        // length of stored address
18                   int initialized;                 // has an addr been stored in there?
19           public:
20                   void print_address();            // function to print an address
21                   void set_address(char *);        // function to change an address
22                   void get_address_from_user();    // do what name says
23
24                   address(char  *);                // one argument constructor
25                   address();                       // no argument constructor
26
27                   int is_it_initialized();         // returns 0 if address has been set
28                   int what_is_len();               // return value of len field
29
30                   char * what_is_address();        // return the a field
31   };
32   #endif
33
```

242

```cpp
// address.cpp
// implement the address class
#include <iostream.h>
#include <stdio.h>
#include <stdlib.h>
#include "address.h"

void address::print_address()
{
        cout << a << endl;
}

void address::set_address(char * s)
{
        len = strlen(s);                // get length of new address
        if ( len > MAX_ADDRESS_LEN )
        {
                cout << "address is too long \n";
                exit(-1);               // this is drastic, could do an error checking loop  instead
        }
        strcpy(a,s);                    // copy new address into new area of memory
        initialized = 1;                // set the initialized field
        return;
}

address::address(char * s)  {
#ifdef TRACE
        cout << "address char * constructor called \n";
#endif
        len = strlen(s);                // get length of new address
        if ( len > MAX_ADDRESS_LEN ) {
                cout << "address is too long \n";
                exit(-1);               // this is drastic, could error check instead
        }
        strcpy(a,s);                    // copy new address into new area of memory
        initialized = 1;                // set the initialized field
        return;
}

address::address()              {
#ifdef TRACE
        cout << "address no arg constructor called \n";
#endif
        len = strlen("Uninitialized address");          // get length of new address
        if ( len > MAX_ADDRESS_LEN )
        {
                cout << "address is too long \n";
                exit(-1);
        }
        strcpy(a,"Uninitialized address");              // copy into new area of memory
        initialized = 0;                // set the initialized field to not set
        return;
}

```

```
1    void address::get_address_from_user()
2    {
3            char temp[MAX_ADDRESS_LEN * 2];
4            char * aptr = & temp[0];
5            char inchar;
6
7            cout << "What is your address? \n";
8            cin.get(inchar);
9            if ( inchar == '\n' )
10           {        // then we found a leading \n, dump it
11                   cin.get(inchar);
12           }
13           while ( inchar != '\n' )
14           {
15                   *aptr++ = inchar;
16                   cin.get(inchar);
17           }
18           *aptr = NULL;
19
20           len = strlen(temp);          // get length of new address
21           while ( len > MAX_ADDRESS_LEN )
22           {
23           cout << "address is too long\n";
24           cout << "What is your shorter address? \n";
25
26           aptr = &temp[0];
27           cin.get(inchar);
28
29           while ( inchar != '\n' )
30           {
31                   *aptr++ = inchar;
32                   cin.get(inchar);
33           }
34           *aptr = NULL;
35
36                   len = strlen(temp);
37           }
38           strcpy(a,temp);              // copy into new area of memory
39           initialized = 1;             // set the initialized field to not set
40           return;
41   }
42
43   int address::what_is_len()
44   {
45           return(len);
46   }
47   char * address::what_is_address()
48   {
49           return(a);
50   }
51   int address::is_it_initialized()
52   {
53           return(initialized);
54   }
```

```cpp
// drv_addr.cpp
// program to exercise the address class
#include <iostream.h>
#include "address.h"

main()
{
        address a1;
        cout << "Calling print_address for uninitialized n1 \n";
        a1.print_address();
        cout << "return value from what_is_len is " << a1.what_is_len() << endl;
        cout << "return value from initialized  is " << a1.is_it_initialized() << endl;
        cout << "The address returned from what_is_address is " <<
                a1.what_is_address() << endl;

        a1.set_address("600 Pine Hollow Road");
        cout << "Repeating call sequence after setting address to home\n";
        a1.print_address();
        cout << "return value from what_is_len is " << a1.what_is_len() << endl;
        cout << "return value from initialized  is " << a1.is_it_initialized() << endl;
        cout << "The address returned from what_is_address is " <<
                a1.what_is_address() << endl;


        address a2("108 Bridge Street East");
        cout << "Repeating call sequence after creating a2 with addr in it\n";
                a2.print_address();
        cout << "return value from what_is_len is " << a2.what_is_len()  << endl;
        cout << "return value from initialized  is " << a2.is_it_initialized() << endl;
        cout << "The address returned from what_is_address is " <<
                a2.what_is_address() << endl;

        address a3;
        a3.get_address_from_user();
        cout << "return value from what_is_len is " << a3.what_is_len()  << endl;
        cout << "return value from initialized  is " << a3.is_it_initialized() << endl;
        cout << "The address returned from what_is_address is " <<
                a3.what_is_address() << endl;
}
```

```
1    Output From Running Program
2
3    Calling print_address for uninitialized n1
4    Uninitialized address
5    return value from what_is_len is 21
6    return value from initialized  is 0
7    Repeating call sequence after setting address to home
8    600 Pine Hollow Road
9
10   return value from what_is_len is 20
11   return value from initialized  is 1
12
13   Repeating call sequence after creating a2 with addr in it
14   108 Bridge Street East
15   return value from what_is_len is 22
16   return value from initialized  is 1
17
```

```cpp
// polyarry.cpp
// this program demonstrates the usefullness of virtual functions and of base classes
// we are going to have objects of type army, navy, airforce and marines which all derive from a base
// class called common_class.  The common_class collects all the behaviour that is common between
// the classes and through the use of virtual functions makes the writing of the derived classes much
// easier.
#include <iostream.h>
#include "name.h"
#include "address.h"
class common_class
{
        private:
                name    n;          // this is embedded, it is not derived
                address a;          // this also is embedded, it is not derived
        public:
                common_class(); // no arg constructor
                void q1();                  // question common to services
                void q2();                  // question common to services
                virtual void q3();          // question specific to service
                virtual void print_vals();  // will allow each class derived from this class to use their
                                            // own function of the same name and call this function too
};

// no argument constructor
common_class::common_class() : n("no name yet"), a("no address yet")
{       // invocation line initialization was employed, therefore there is no body to this constructor
}

void common_class::print_vals()
{
        n.print_name();          // access the public member function of the embedded class
        a.print_address();       // access the public member function of the embedded class
}
void common_class::q1()
{
        // this question is used to get the recruits name
        n.get_name_from_user();          // public member function of embedded class
}

void common_class::q2()
{
        // this question is used to get the recruits address
        a.get_address_from_user();       // public member function of embedded class
}

void common_class::q3()
{
        // this function only does something if the derived class
        // does not re-implement the function
        cout << "I know you haven't decided which service you want \n"
                << "to go into, so let me give you some information \n"
                << "on each!" << endl;
}
```

```
1    // An army class IS a common_class and the additional fields and functions listed here
2    // because q3 and print_vals were declared virtual in the base class, and because they are redefined
3    // here, the binding of which function will be called can be delayed until run time if pointers are used
4    // instead of instance names.  The value of this is in being able to call the function q3 for each of the
5    // deriving classes without having to have the instance name of the deriving class.  The array below
6    // demonstrates this.
7    class army : public common_class
8    {
9            private:
10                   int max_miles_run;          // 0 to 100
11           public:
12                   void q3();
13                   void print_vals();
14   };
15
16   void army::print_vals()
17   {
18           cout << "ARMY RECRUIT \n";
19           common_class::print_vals();        // use the base class routine
20           cout << "Can run " << max_miles_run << " At a time \n\n";
21   }
22
23   void army::q3()
24   {
25           // get the number of miles the recruit can run
26           cout << "How many miles can you run?";
27           cin >> max_miles_run;              // ERROR CHECKING COULD BE DONE HERE
28   }
29
30   // a navy class is a common_class and the additional fields and functions defined here
31   class navy : public common_class {
32           private:
33                   char can_you_swim;         // n no, y yes
34           public:
35                   void q3();
36                   void print_vals();
37   };
38
39   void navy::q3() {
40           // question used to ask if the recruit can swim or not
41           cout << "Can you swim?   n => no    y => yes \n";
42           cin >> can_you_swim;
43           if ( can_you_swim == '\n' )
44                   cin >> can_you_swim;
45   }
46   void navy::print_vals() {
47           cout << "NAVY RECRUIT \n";
48           common_class::print_vals();
49           if ( can_you_swim == 'n' )
50                   cout << "Cannot Swim \n";
51           else
52                   cout << "Can Swim \n";
53           cout << endl;
54   }
55
```

248

```
1    // an air force class is a common_class and the extra fields and functions defined here
2    class air_force : public common_class
3    {
4            private:
5                    char afraid_of_heights;     // n no, y yes
6            public:
7                    void q3();
8                    void print_vals();
9    };
10
11   void air_force::q3()
12   {
13           // question used to ask if the recruit is afraid of heights
14           cout << "Are you afraid of heights?   n => no   y => yes \n";
15           cin >> afraid_of_heights;
16           if ( afraid_of_heights == '\n' )
17                   cin >> afraid_of_heights;
18   }
19
20   void air_force::print_vals()
21   {
22           cout << "AIR FORCE RECRUIT \n";
23           common_class::print_vals();
24           if ( afraid_of_heights == 'n' )
25                   cout << "Is not afraid of heights\n";
26           else
27                   cout << "Is afraid of heights \n";
28           cout << endl;
29   }
30
31   class marines : public common_class
32   {
33           private:
34           public:
35                   void q3();
36                   void print_vals();
37   };
38
39   void marines::print_vals()
40   {
41           cout << "MARINE RECRUIT \n";
42           common_class::print_vals();
43           cout << endl;
44   }
45
46   void marines::q3()
47   {
48           return;   // no additional work done
49   }
50
```

```
1    main()
2    {
3              // At the armed forces in-processing  center all of the freshly shaved recruits came to the head
4              // of the line, The common information that all the services needed  from us, name,
5              // address, social security number etc. were gathered by one sergeant.  This sergeant
6              // didn't know and didn't care what service each recruit was going into.  The sergeants
7              // job was the same regardless of what service we were going in.  Next, the special
8              // information for each individual service was gathered at special counters,
9              // i.e. one counter for the navy, one for the air force, one for the army
10             // After our special information was acquired, we were all the same again for the next test
11             // so the system had to have a way to treat us all as RECRUITS again, not as army, or navy
12             // recruits.  This is very powerful in data processing, being able to process a data structure
13             // at one time from one point of view, taking into account how it is SIMILAR to all other things
14             // and then at the next moment being able to process that same data structure from another
15             // point of view that takes into account how it is DIFFERENT from other things.
16             // Pointers to base class objects holding addresses of base class objects and addresses
17             // of derived class objects are extremely useful in modelling this situation.
18
19             common_class * array[100];        // assume there's less than 100 people
20                                               // waiting to join the armed forces today
21
22             // we are going to build an array that
23             // represents a line of recruits waiting at the induction center
24             // for the armed forces
25             // the sergeant is going to ask ALL RECRUITS some questions
26             // and then each recruit, based on their service, is going
27             // to be asked specific questions
28
29             int i;
30             int num_recruits;
31
32             cout << "How many people are waiting? ";
33             cin >> num_recruits;
34
35             cout << "Each recruit is asked what service \n"
36                     << "They would like to join \n"
37                     << "\t0\tArmy\n"
38                     << "\t1\tNavy\n"
39                     << "\t2\tAir Force\n"
40                     << "\t3\tMarines\n"
41                     << "\t4\tDoesn't Know\n\n";
42
```

```
1      for ( i = 0; i < num_recruits; i++ )
2      {
3              int service;
4
5              cout << "\n\nWhich service does recruit " << i
6                      << " wish to join?" << endl;
7              cin >> service;
8
9              // the statement array[i] = new  army/navy/air_force/marines is an extremely powerful
10             // statement.  Even though we are creating instances of four different classes, we are
11             // storing the pointer to the instances in ONE DATA STRUCTURE which is of
12             // type pointer to base class that they are derived from. Instead of needing four
13             // data structures, one for each service, we are able to have one data structure.  This
14             // can be extremely useful in reducing the complexity of algorithms.
15             switch (service )
16             {
17                     case 0:
18                             cout << "Recruit " << i
19                                     << " is going in the army\n";
20                             array[i]  = new army;
21                             break;
22                     case 1:
23                             cout << "Recruit " << i
24                                     << " is going in the navy\n";
25                             array[i]  = new navy;
26                             break;
27
28                     case 2:
29                             cout << "Recruit " << i
30                                     << " is going in the air force\n";
31                             array[i]  = new air_force;
32                             break;
33
34                     case 3:
35                             cout << "Recruit " << i
36                                     << " is going in the marines\n";
37                             array[i]  = new marines;
38                             break;
39
40                     default:
41                             // later on, when they decide what service
42                             // they are going in, we will have to be
43                             // able to cast from base to derived
44                             cout << "Recruit " << i
45                                     << " doesn't know where they're"
46                                     << " going \n";
47                             array[i]  = new common_class;
48                             break;
49             } // end switch
50
```

251

```
 1          // We are now going to exercise another useful feature of inheritance and virtual
 2          // functions.  The questions q1 and q2 are defined in the base class only.  The binding
 3          // of these calls is unambiguous.  We are able to call the q1 of the base class for
 4          // members of each of the four deriving classes via a pointer to the base class
 5          // NOTICE that we do not have to switch on which service the recruit is in to be
 6          // able to call these functions.
 7          array[i]->q1();
 8          array[i]->q2();
 9
10          // ask the specific questions
11          // the question q3 is specific to each of the services, and yet we can call it via a pointer
12          // to the base class.  We are able to call four DIFFERENT functions, but with one line
13          // of syntactically exact code.  Remember that q3 is a virtual function.  We are invoking
14          // it via a pointer to a base class.  If the value in the array is an instance of the base class
15          // then the base class function will be called.  If the value in the array is an instance of
16          // a derived class, and the derived class has a polymophic version of the virtual function,
17          // then the derived class function will be called.
18          // NOTICE that we do not have to switch on which service the recruit is in to be able
19          // to ask this service specific question.  Due to how the virtual function call will be
20          // resolved, if the service has overridden this call, the service specific call will be made
21          // if the service has not overridden this call, the common class call will be made
22          // if the recruit is an undecided class recruit, then the base class version will be called.
23          array[i]->q3();
24  }
25
26  // go through the array and print out the common fields
27  // name and address
28  // and the specific values found in the objects
29  cout << "\n\nLIST OF RECRUITS\n";
30  for ( i = 0; i < num_recruits; i++ )
31  {
32          array[i]->print_vals();
33  }
34 }
```

```
 1    Input Data File Used To Generate Output
 2    12
 3    0
 4    army guy 1
 5    100 army way
 6    10
 7    1
 8    navy guy 1
 9    123 navy street
10    y
11    1
12    navy guy 2
13    222 navy blvd
14    n
15    2
16    air force recruit 1
17    99 air force court
18    n
19    2
20    air force recruit 2
21    100 air force way
22    y
23    3
24    marine guy 1
25    123 marine street
26    3
27    marine guy 2
28    222 marine blvd
29    4
30    undecided recruit 1
31    99 wishy washy way
32    2
33    air force recruit 3
34    100 air force way
35    y
36    3
37    marine guy 3
38    999 marine street
39    3
40    marine guy 4
41    2354222 marine blvd
42    4
43    undecided recruit 2
44    100 don't know where I live
45
```

1	Output From Running Program
2	How many people are waiting? Each recruit is asked what service
3	They would like to join

4	0	Army
5	1	Navy
6	2	Air Force
7	3	Marines
8	4	Doesn't Know

9

10

11

12   Which service does recruit 0 wish to join?

13   Recruit 0 is going in the army

14   What is your name?

15   What is your address?

16   How many miles can you run?

17

18   Which service does recruit 1 wish to join?

19   Recruit 1 is going in the navy

20   What is your name?

21   What is your address?

22   Can you swim?   n => no   y => yes

23

24

25   Which service does recruit 2 wish to join?

26   Recruit 2 is going in the navy

27   What is your name?

28   What is your address?

29   Can you swim?   n => no   y => yes

30

31

32   Which service does recruit 3 wish to join?

33   Recruit 3 is going in the air force

34   What is your name?

35   What is your address?

36   Are you afraid of heights?   n => no   y => yes

37

38

39   Which service does recruit 4 wish to join?

40   Recruit 4 is going in the air force

41   What is your name?

42   What is your address?

43   Are you afraid of heights?   n => no   y => yes

44

45

46   Which service does recruit 5 wish to join?

47   Recruit 5 is going in the marines

48   What is your name?

49   What is your address?

50

51

52   Which service does recruit 6 wish to join?

53   Recruit 6 is going in the marines

54   What is your name?

55   What is your address?

```
1
2
3     Which service does recruit 7 wish to join?
4     Recruit 7 doesn't know where they're going
5     What is your name?
6     What is your address?
7     I know you haven't decided which service you want
8     to go into, so let me give you some information
9     on each!
10
11
12    Which service does recruit 8 wish to join?
13    Recruit 8 is going in the air force
14    What is your name?
15    What is your address?
16    Are you afraid of heights?  n => no  y => yes
17
18
19    Which service does recruit 9 wish to join?
20    Recruit 9 is going in the marines
21    What is your name?
22    What is your address?
23
24
25    Which service does recruit 10 wish to join?
26    Recruit 10 is going in the marines
27    What is your name?
28    What is your address?
29
30
31    Which service does recruit 11 wish to join?
32    Recruit 11 doesn't know where they're going
33    What is your name?
34    What is your address?
35    I know you haven't decided which service you want
36    to go into, so let me give you some information
37    on each!
38
39
40    LIST OF RECRUITS
41    ARMY RECRUIT
42    army guy 1
43    100 army way
44    Can run 10 At a time
45
46    NAVY RECRUIT
47    navy guy 1
48    123 navy street
49    Can Swim
50
51    NAVY RECRUIT
52    navy guy 2
53    222 navy blvd
54    Cannot Swim
55
```

```
1     AIR FORCE RECRUIT
2     air force recruit 1
3     99 air force court
4     Is not afraid of heights
5
6     AIR FORCE RECRUIT
7     air force recruit 2
8     100 air force way
9     Is afraid of heights
10
11    MARINE RECRUIT
12    marine guy 1
13    123 marine street
14
15    MARINE RECRUIT
16    marine guy 2
17    222 marine blvd
18
19    undecided recruit 1
20    99 wishy washy way
21    AIR FORCE RECRUIT
22    air force recruit 3
23    100 air force way
24    Is afraid of heights
25
26    MARINE RECRUIT
27    marine guy 3
28    999 marine street
29
30    MARINE RECRUIT
31    marine guy 4
32    2354222 marine blvd
33
34    undecided recruit 2
35    100 don't know where I live
36
37
```

Section 8

Dynamic Memory Allocation

C++ replaces malloc, calloc and free with new and delete.
C++ also provides constructors that allow code we have written to be called when an instance of an object is created. This provides us with a great opportunity to gaurantee the initial states of our objects. This chapter goes over every last little detail there is involved with dynamic memory allocation.

```cpp
1   // new1.cpp
2   // new replaces malloc and calloc from C
3   // malloc can still be used, calloc can still be used
4   // delete replaces free from C
5
6   #include <iostream.h>
7   #include <stdlib.h>
8   main()
9   {
10          int *  iarray  = new int  [10];
11          float * farray = new float [10];
12          char *  carray = new char  [10];
13
14          cout << "Size of iarray is " << sizeof(iarray) << endl;
15          cout << "Size of farray is " << sizeof(farray) << endl;
16          cout << "Size of carray is " << sizeof(carray) << endl;
17
18          cout << "Size of *iarray is " << sizeof(*iarray) << endl;
19          cout << "Size of *farray is " << sizeof(*farray) << endl;
20          cout << "Size of *carray is " << sizeof(*carray) << endl;
21
22          int i;
23          for ( i = 0; i < 10; i++ )
24          {
25                  iarray[i] = (int)   i;
26                  farray[i] = (float) i;
27                  carray[i] = 'a' + i;
28          }
29
30          char temp;
31          for ( i = 0; i < 10; i++ )
32          {
33                  cout << "Address of iarray sub " << i << " is "
34                          << &iarray[i] << " Value stored there is "
35                          << iarray[i] << endl;
36                  cout << "Value stored at farray sub " << i << " is "
37                          << farray[i] << endl;
38                  temp = carray[i];
39                  cout << "Value stored at carray sub " << i << " is "
40                          << temp << endl;
41          }
42   }
43
```

```
1   Output From Running Program
2   Size of iarray is 2
3   Size of farray is 2
4   Size of carray is 2
5   Size of *iarray is 2
6   Size of *farray is 4
7   Size of *carray is 1
8   Address of iarray sub 0 is 0x1f9f1460 Value stored there is 0
9   Value stored at farray sub 0 is 0
10  Value stored at carray sub 0 is a
11  Address of iarray sub 1 is 0x1f9f1462 Value stored there is 1
12  Value stored at farray sub 1 is 1
13  Value stored at carray sub 1 is b
14  Address of iarray sub 2 is 0x1f9f1464 Value stored there is 2
15  Value stored at farray sub 2 is 2
16  Value stored at carray sub 2 is c
17  Address of iarray sub 3 is 0x1f9f1466 Value stored there is 3
18  Value stored at farray sub 3 is 3
19  Value stored at carray sub 3 is d
20  Address of iarray sub 4 is 0x1f9f1468 Value stored there is 4
21  Value stored at farray sub 4 is 4
22  Value stored at carray sub 4 is e
23  Address of iarray sub 5 is 0x1f9f146a Value stored there is 5
24  Value stored at farray sub 5 is 5
25  Value stored at carray sub 5 is f
26  Address of iarray sub 6 is 0x1f9f146c Value stored there is 6
27  Value stored at farray sub 6 is 6
28  Value stored at carray sub 6 is g
29  Address of iarray sub 7 is 0x1f9f146e Value stored there is 7
30  Value stored at farray sub 7 is 7
31  Value stored at carray sub 7 is h
32  Address of iarray sub 8 is 0x1f9f1470 Value stored there is 8
33  Value stored at farray sub 8 is 8
34  Value stored at carray sub 8 is i
35  Address of iarray sub 9 is 0x1f9f1472 Value stored there is 9
36  Value stored at farray sub 9 is 9
37  Value stored at carray sub 9 is j
38
39
```

```cpp
1    //new2.cpp
2    // new also works with structures
3    // new will return a pointer to an instance of the desired structure
4    // type that you request.
5    // If new returns NULL as the address of the new variable,
6    //        then the dynamic memory allocation failed
7    #include <iostream.h>
8
9    struct XY
10   {
11           int x;
12           float y;
13   };
14
15   main()
16   {
17           struct XY * X = new struct XY;
18
19           cout << "new returned " << X << endl;
20           cout << "Size of X is " << sizeof(X) << endl;
21           cout << "Size of *X is " << sizeof(*X) << endl;
22   }
23
24
25   Output From Running Program
26   new returned 0x18140fe6
27   Size of X is 2
28   Size of *X is 6
29
```

260

```cpp
// new3.cpp
// new is not limited to creating single instances of variables
// new can be used to create arrays
#include <iostream.h>
main()
{
        int * iarray = new int [10];
        float * farray = new float [10];
        char * carray = new char [10];

        cout << "Size of iarray is " << sizeof(iarray) << endl;
        cout << "Size of farray is " << sizeof(farray) << endl;
        cout << "Size of carray is " << sizeof(carray) << endl;

        cout << "Size of *iarray is " << sizeof(*iarray) << endl;
        cout << "Size of *farray is " << sizeof(*farray) << endl;
        cout << "Size of *carray is " << sizeof(*carray) << endl;

        int i;
        for ( i = 0; i < 10; i++ )
        {
                iarray[i] = (int) i;
                farray[i] = (float) i;
                carray[i] = 'a' + i;
        }

        char temp;
        for ( i = 0; i < 10; i++ )
        {
                cout << "Address of iarray sub " << i << " is"
                << &iarray[i] << " Value stored there is "
                << iarray[i] << endl;
                cout << "Address of farray sub " << i << " is"
                << &farray[i] << " Value stored there is "
                << farray[i] << endl;

                temp = carray[i];
                cout << "Value stored at carray sub " << i << " is "
                        << temp << endl;
        }
}
```

```
1    Output From Running Program
2    Size of iarray is 2
3    Size of farray is 2
4    Size of carray is 2
5
6    Size of *iarray is 2
7    Size of *farray is 4
8    Size of *carray is 1
9
10   Address of iarray sub 0 is0x1c5f1470 Value stored there is 0
11   Address of farray sub 0 is0x1c5f1488 Value stored there is 0
12   Value stored at carray sub 0 is a
13
14   Address of iarray sub 1 is0x1c5f1472 Value stored there is 1
15   Address of farray sub 1 is0x1c5f148c Value stored there is 1
16   Value stored at carray sub 1 is b
17
18   Address of iarray sub 2 is0x1c5f1474 Value stored there is 2
19   Address of farray sub 2 is0x1c5f1490 Value stored there is 2
20   Value stored at carray sub 2 is c
21
22   Address of iarray sub 3 is0x1c5f1476 Value stored there is 3
23   Address of farray sub 3 is0x1c5f1494 Value stored there is 3
24   Value stored at carray sub 3 is d
25
26   Address of iarray sub 4 is0x1c5f1478 Value stored there is 4
27   Address of farray sub 4 is0x1c5f1498 Value stored there is 4
28   Value stored at carray sub 4 is e
29
30   Address of iarray sub 5 is0x1c5f147a Value stored there is 5
31   Address of farray sub 5 is0x1c5f149c Value stored there is 5
32   Value stored at carray sub 5 is f
33
34   Address of iarray sub 6 is0x1c5f147c Value stored there is 6
35   Address of farray sub 6 is0x1c5f14a0 Value stored there is 6
36   Value stored at carray sub 6 is g
37
38   Address of iarray sub 7 is0x1c5f147e Value stored there is 7
39   Address of farray sub 7 is0x1c5f14a4 Value stored there is 7
40   Value stored at carray sub 7 is h
41
42   Address of iarray sub 8 is0x1c5f1480 Value stored there is 8
43   Address of farray sub 8 is0x1c5f14a8 Value stored there is 8
44   Value stored at carray sub 8 is i
45
46   Address of iarray sub 9 is0x1c5f1482 Value stored there is 9
47   Address of farray sub 9 is0x1c5f14ac Value stored there is 9
48   Value stored at carray sub 9 is j
49
```

```
1   //new4.cpp
2   // new also works with arrays of structures
3   // new will return a pointer to an instance of the desired structure
4   // type that you request.
5   // If new returns NULL as the address of the new variable,
6   //      then the dynamic memory allocation failed
7   #include <iostream.h>
8
9   struct XY
10  {
11          int x;
12          float y;
13  };
14
15  main()
16  {
17          int i;
18          struct XY * Xarray = new struct XY [10];
19
20          cout << "new returned " << Xarray << endl;
21          cout << "Size of X is " << sizeof(Xarray) << endl;
22          cout << "Size of *X is " << sizeof(*Xarray) << endl;
23
24          for ( i = 0; i < 10; i++ )
25          {
26                  cout << "Address of Xarray sub " << i << " is "
27                  << &Xarray[i] << endl;
28          }
29          cout << endl;
30  }
31
32  Output From Running Program
33  new returned 0x181a1002
34  Size of X is 2
35  Size of *X is 6
36
37  Address of Xarray sub 0 is 0x181a1002
38  Address of Xarray sub 1 is 0x181a1008
39  Address of Xarray sub 2 is 0x181a100e
40  Address of Xarray sub 3 is 0x181a1014
41  Address of Xarray sub 4 is 0x181a101a
42  Address of Xarray sub 5 is 0x181a1020
43  Address of Xarray sub 6 is 0x181a1026
44  Address of Xarray sub 7 is 0x181a102c
45  Address of Xarray sub 8 is 0x181a1032
46  Address of Xarray sub 9 is 0x181a1038
47
48
```

```cpp
1    // new5.cpp
2    // new also works with classes
3    // new will return a pointer to an instance of the desired class type
4    // that you request
5    // if new returns NULL as the address of the new variable,
6    //          then the dynamic memory allocation failed.
7
8    #include <iostream.h>
9
10   class XY
11   {
12           private:
13                   int x;
14                   float y;
15           public:
16                   XY();
17                   void show_x_and_y();
18   };
19
20   // just slam some values in x and y
21   // put in a cout to show when this thing is called
22   // this will be very instructive when we are dealing with arrays
23   XY::XY()
24   {
25           cout << "XY no arg constructor called " << endl;
26           x = 10;
27           y = 11.1;
28   }
29
30   void XY::show_x_and_y()
31   {
32           cout << "x is " << x << " y is " << y << endl;
33   }
34
35   main()
36   {
37           XY * X = new XY;
38
39           cout << "Size of X is " << sizeof(X) << endl;
40           cout << "Size of *X is " << sizeof(*X) << endl;
41
42           // remember that the thing returned by new is a POINTER
43           X->show_x_and_y();
44   }
45
46   Output From Running Program
47   XY no arg constructor called
48   Size of X is 2
49   Size of *X is 6
50   x is 10 y is 11.1
51
```

264

```
1   // new6.cpp
2   // new also works with arrays of classes
3   // new will return a pointer to an instance of the desired class type
4   // that you request
5   // if new returns NULL as the address of the new variable,
6   //       then the dynamic memory allocation failed.
7   #include <iostream.h>
8   class XY
9   {
10          private:
11                  int x;
12                  float y;
13                  static int xval;      // use for differing init values
14                  static float yval;
15          public:
16                  XY();
17                  void show_x_and_y();
18  };
19
20  int XY::xval = 0;
21  float XY::yval = 0.0;
22
23  // put in a cout to show when this thing is called
24  // this will be very instructive when we are dealing with arrays
25  XY::XY()
26  {
27          cout << "XY no arg constructor called " << endl;
28          x = xval;
29          xval = xval + 1;
30          y = yval;
31          yval = yval + 1.0;
32  }
33
34  void XY::show_x_and_y()
35  {
36          cout << "x is " << x << " y is " << y << endl;
37  }
38
39  main()
40  {
41          int i;
42          XY * X = new XY[5];
43
44          cout << "Size of X is " << sizeof(X) << endl;
45          cout << "Size of *X is " << sizeof(*X) << endl;
46
47          for ( i = 0; i < 5; i++ )
48          {
49                  // remember that the thing returned by new is a POINTER
50                  X[i].show_x_and_y();
51          }
52  }
53
```

```
1    Output From Running Program
2    XY no arg constructor called
3    XY no arg constructor called
4    XY no arg constructor called
5    XY no arg constructor called
6    XY no arg constructor called
7    Size of X is 2
8    Size of *X is 6
9    x is 0 y is 0
10   x is 1 y is 1
11   x is 2 y is 2
12   x is 3 y is 3
13   x is 4 y is 4
14
```

```cpp
1   // new7.cpp
2   // new also works with classes where other classes are embedded
3   // new will return a pointer to an instance of the desired class type
4   // that you request
5   // if new returns NULL as the address of the new variable,
6   //          then the dynamic memory allocation failed.
7
8   #include <iostream.h>
9
10  class XY
11  {
12          private:
13                  int x;
14                  float y;
15                  static int xval;              // use for differing init values
16                  static float yval;
17          public:
18                  XY();
19                  void show_x_and_y();
20                  void setxy(int,float);
21  };
22
23  int XY::xval = 0;
24  float XY::yval = 0.0;
25
26  // put in a cout to show when this thing is called
27  // this will be very instructive when we are dealing with arrays
28  XY::XY()
29  {
30          cout << "XY no arg constructor called " << endl;
31          x = xval;
32          xval = xval + 1;
33          y = yval;
34          yval = yval + 1.0;
35  }
36
37  void XY::show_x_and_y()
38  {
39          cout << "x is " << x << " y is " << y << endl;
40  }
41
42  void XY::setxy(int i, float f)
43  {
44          x = i;
45          y = f;
46  }
47
```

```
1     // create a new class into which an instance of an XY class object will
2     // be embedded.  This will be interesting to watch in what order the
3     // constructors are called.
4     class AB
5     {
6             private:
7                     int a;
8                     int b;
9                     XY x1;  // an XY is embedded in AB
10            public:
11                    AB();
12                    void show_ab();
13    };
14
15    AB::AB()
16    {
17            cout << "AB no arg constructor called " << endl;
18            a = -1;
19            b = -2;
20            // at this point the no arg constructor was already called for x1
21            // we are CHANGING, not INITIALIZING the values for x and y of x1
22            x1.setxy(4,5.0);
23    }
24
25    void AB::show_ab()
26    {
27            cout << "a is " << a << " b is " << b << endl;
28            x1.show_x_and_y();      // remember to use the public member function
29                                    // x and y are private data of an XY that
30                                    // is embedded, not inherited from.
31            cout << endl;
32    }
33
34    main()
35    {
36            int i;
37            XY * X = new XY;        // first create an instance of an XY  It still works as we'd expect
38
39            cout << "Size of X is " << sizeof(X) << endl;
40            cout << "Size of *X is " << sizeof(*X) << endl;
41            X->show_x_and_y();
42            cout << endl << endl;
43
44            //now create an insance of an AB
45            // an XY will need to be created to complete the construction
46            // of the AB.
47            // Whose constructor will be called first?  The AB or the XY?
48            AB * A = new AB;
49
50            cout << "Size of A is " << sizeof(A) << endl;
51            cout << "Size of *A is " << sizeof(*A) << endl;
52            A->show_ab();
53    }
54
```

```
1   XY no arg constructor called
2   Size of X is 2
3   Size of *X is 6
4   x is 0 y is 0
5
6
7   // the AB constructor is called, but before the first executable statement
8   // of the AB constructor can be performed, ALL the memory for an instance
9   // of an AB must be acquired, therefore the no argument version of the
10  // XY constructor is invoked and that's why these prints occur in the
11  // order that they do!
12  XY no arg constructor called
13  AB no arg constructor called
14  Size of A is 2
15  Size of *A is 10
16  a is -1 b is -2
17  x is 4 y is 5
18
19
```

```cpp
1    // new8.cpp
2    // new also works with classes where inheritance is involved
3    // new will return a pointer to an instance of the desired class type
4    // that you request
5    // if new returns NULL as the address of the new variable,
6    //       then the dynamic memory allocation failed.
7
8    #include <iostream.h>
9
10   class XY
11   {
12           private:
13                   int x;
14                   float y;
15                   static int xval;        // use for differing init values
16                   static float yval;
17           public:
18                   XY();
19                   void show_x_and_y();
20                   void setxy(int,float);
21   };
22
23   int XY::xval = 0;
24   float XY::yval = 0.0;
25
26   // put in a cout to show when this thing is called
27   // this will be very instructive when we are dealing with arrays
28   XY::XY()
29   {
30           cout << "XY no arg constructor called " << endl;
31           x = xval;
32           xval = xval + 1;
33           y = yval;
34           yval = yval + 1.0;
35   }
36
37   void XY::show_x_and_y()
38   {
39           cout << "x is " << x << " y is " << y << endl;
40   }
41
42   void XY::setxy(int i, float f)
43   {
44           x = i;
45           y = f;
46   }
47
```

```
1    // the MNO class will inherit from the XY class
2    // again, all the memory for an MNO must be acquired before the first
3    // executable statement of the MNO constructor can be run
4    // therefore we will continue to be interested in the order in which
5    // the XY constructors are called when creating MNO objects
6    class MNO : public XY
7    {
8            private:
9                    int m,n,o;
10           public:
11                   MNO();
12                   void show_mno();
13   };
14
15   MNO::MNO()
16   {
17           cout << "MNO no arg constructor was called " << endl;
18           m = -1;          n = -2;          o = -3;
19           // at this point we will change the values for x and y
20           // they have already been set in the XY constructor
21           cout << "Initial values of x and y are \n";
22           show_x_and_y();
23           setxy(24,35.0);
24           cout << "Post setxy values of x and y are \n";
25           show_x_and_y();
26   }
27   void MNO::show_mno()
28   {
29           cout << "m is " << m << endl;
30           cout << "n is " << n << endl;
31           cout << "o is " << o << endl;
32           show_x_and_y();
33           cout << endl;
34   }
35
36   main()
37   {
38           int i;
39           XY * X = new XY;          // first create an instance of an XY It still works as we'd expect
40           cout << "Size of X is " << sizeof(X) << endl;
41           cout << "Size of *X is " << sizeof(*X) << endl;
42           X->show_x_and_y();
43           cout << endl << endl;
44
45           //now create an insance of an MNO
46           // an XY will need to be created to complete the construction  of the MNO.
47           // Whose constructor will be called first?  The MNO or the XY?
48           MNO * M = new MNO;
49           cout << endl << endl;
50           cout << "Size of M is " << sizeof(M) << endl;
51           cout << "Size of *M is " << sizeof(*M) << endl;
52           M->show_mno();
53   }
54
```

```
1    Output From Running Program
2    XY no arg constructor called
3    Size of X is 2
4    Size of *X is 6
5    x is 0 y is 0
6
7
8    XY no arg constructor called
9    MNO no arg constructor was called
10   Initial values of x and y are
11   x is 1 y is 1
12   Post setxy values of x and y are
13   x is 24 y is 35
14
15
16   Size of M is 2
17   Size of *M is 12
18   m is -1
19   n is -2
20   o is -3
21   x is 24 y is 35
22
23
```

```
1    // new9.cpp
2    // new also works with arrays of classes where inheritance is involved
3    // new will return a pointer to an instance of the desired class type
4    // that you request
5    // if new returns NULL as the address of the new variable,
6    //          then the dynamic memory allocation failed.
7
8    #include <iostream.h>
9
10   class XY
11   {
12           private:
13                   int x;
14                   float y;
15                   static int xval;      // use for differing init values
16                   static float yval;
17           public:
18                   XY();
19                   void show_x_and_y();
20                   void setxy(int,float);
21   };
22
23   int XY::xval = 0;
24   float XY::yval = 0.0;
25
26   // put in a cout to show when this thing is called
27   // this will be very instructive when we are dealing with arrays
28   XY::XY()
29   {
30           cout << "XY no arg constructor called " << endl;
31           x = xval;
32           xval = xval + 1;
33           y = yval;
34           yval = yval + 1.0;
35   }
36
37   void XY::show_x_and_y()
38   {
39           cout << "x is " << x << " y is " << y << endl;
40   }
41
42   void XY::setxy(int i, float f)
43   {
44           x = i;
45           y = f;
46   }
47
```

```
1    // the MNO class will inherit from the XY class
2    // again, all the memory for an MNO must be acquired before the first
3    // executable statement of the MNO constructor can be run
4    // therefore we will continue to be interested in the order in which
5    // the XY constructors are called when creating MNO objects
6
7    class MNO : public XY
8    {
9            private:
10                   int m,n,o;
11           public:
12           MNO();
13           void show_mno();
14   };
15
16   MNO::MNO()
17   {
18           cout << "MNO no arg constructor was called " << endl;
19           m = -1;
20           n = -2;
21           o = -3;
22           // at this point we will change the values for x and y
23           // they have already been set in the XY constructor
24           cout << "Initial values of x and y are \n";
25           show_x_and_y();
26           setxy(24,35.0);
27           cout << "Post setxy values of x and y are \n";
28           show_x_and_y();
29   }
30
31   void MNO::show_mno()
32   {
33           cout << "m is " << m << endl;
34           cout << "n is " << n << endl;
35           cout << "o is " << o << endl;
36           show_x_and_y();
37           cout << endl;
38   }
39
```

```
1     main()
2     {
3             int i;
4             XY * X = new XY;          // first create an instance of an XY It still works as we'd expect
5
6             cout << "Size of X is " << sizeof(X) << endl;
7             cout << "Size of *X is " << sizeof(*X) << endl;
8             X->show_x_and_y();
9             cout << endl << endl;
10
11            //now create an insance of an MNO
12            // an XY will need to be created to complete the construction
13            // of the MNO.
14            // Whose constructor will be called first?  The MNO or the XY?
15            MNO * M = new MNO;
16            cout << endl << endl;
17
18            cout << "Size of M is " << sizeof(M) << endl;
19            cout << "Size of *M is " << sizeof(*M) << endl;
20            M->show_mno();
21
22            // now create an array of MNOs
23            MNO * Marray = new MNO[5];
24            cout << endl << endl;
25
26            cout << "Size of Marray is " << sizeof(Marray) << endl;
27            cout << "Size of *Marray is " << sizeof(*Marray) << endl;
28
29            for ( i = 0; i < 5; i++ )
30                    Marray[i].show_mno();
31    }
32
```

```
1    Output From Running Program
2    XY no arg constructor called
3    Size of X is 2
4    Size of *X is 6
5    x is 0 y is 0
6
7
8    XY no arg constructor called
9    MNO no arg constructor was called
10   Initial values of x and y are
11   x is 1 y is 1
12   Post setxy values of x and y are
13   x is 24 y is 35
14
15
16   Size of M is 2
17   Size of *M is 12
18   m is -1
19   n is -2
20   o is -3
21   x is 24 y is 35
22
23   XY no arg constructor called
24   MNO no arg constructor was called
25   Initial values of x and y are
26   x is 2 y is 2
27   Post setxy values of x and y are
28   x is 24 y is 35
29   XY no arg constructor called
30   MNO no arg constructor was called
31   Initial values of x and y are
32   x is 3 y is 3
33   Post setxy values of x and y are
34   x is 24 y is 35
35   XY no arg constructor called
36   MNO no arg constructor was called
37   Initial values of x and y are
38   x is 4 y is 4
39   Post setxy values of x and y are
40   x is 24 y is 35
41   XY no arg constructor called
42   MNO no arg constructor was called
43   Initial values of x and y are
44   x is 5 y is 5
45   Post setxy values of x and y are
46   x is 24 y is 35
47   XY no arg constructor called
48   MNO no arg constructor was called
49   Initial values of x and y are
50   x is 6 y is 6
51   Post setxy values of x and y are
52   x is 24 y is 35
53
54
```

276

```
1    Size of Marray is 2
2    Size of *Marray is 12
3    m is -1
4    n is -2
5    o is -3
6    x is 24 y is 35
7
8    m is -1
9    n is -2
10   o is -3
11   x is 24 y is 35
12
13   m is -1
14   n is -2
15   o is -3
16   x is 24 y is 35
17
18   m is -1
19   n is -2
20   o is -3
21   x is 24 y is 35
22
23   m is -1
24   n is -2
25   o is -3
26   x is 24 y is 35
27
28
```

```cpp
1   // new10.cpp
2   // new is an operator
3   // operators may be overloaded
4   // therefore new may be overloaded
5   // WARNING, THIS PROGRAM WORKS DIFFERENTLY AND NEEDS DIFFERENT #INCLUDES
6   // ON DIFFERENT OPERATING SYSTEMS.  THIS VERSION IS FOR DOS PCs
7   #include <iostream.h>
8   #include <stddef.h>
9   #include <stdlib.h>
10
11  class XY
12  {
13          private:
14                  int x;
15                  float y;
16          public:
17                  XY();
18                  XY(int);
19                  void show_x_and_y();
20                  void setxy(int,float);
21                  void * operator new(size_t);
22                  void * operator new(size_t,int);
23                  void * operator new(size_t,int,int);
24  };
25
26  // put in a cout to show when this thing is called
27  // this will be very instructive when we are dealing with arrays
28  XY::XY()
29  {
30          cout << "XY no arg constructor called " << endl;
31          x = 10;
32          y = 11.1;
33  }
34
35  XY::XY(int i )
36  {
37          cout << "XY one arg constructor called " << endl;
38          x = i;
39          y = 999.999;
40  }
41
42  void XY::show_x_and_y()
43  {
44          cout << "x is " << x << " y is " << y << endl;
45  }
46
47  void XY::setxy(int i, float f)
48  {
49          x = i;
50          y = f;
51  }
52
```

```
1    // this is a new and interesting thing to do
2    // we are taking over the new function for the XY class
3    // taking over new for this class in NO WAY affects new for any other class
4    void * XY::operator new (size_t size_of_item)
5    {
6            // for the listed number of items, invoke the constructor
7            cout << "The new(size_t) operator for XY class was invoked\n";
8            cout << "size_of_item was " << size_of_item << endl;
9
10           // we are going to allocate enough memory here
11           cout << "Calling malloc.... ";
12           XY * ptr = ( XY*) malloc (size_of_item);
13           cout << "Back from malloc\n";
14
15           // we are going to pass a pointer to the memory to the constructor
16           // the next statement executed after this one will be the first
17           // executable statement of the constructor
18           return ( ptr );
19   }
20
21   // now we are going to provide a polymorphic version of the new operator
22   // remember this affects only new for the XY class, not any other class
23   // the new function will be called to get the memory and then the
24   // constructor will be invoked
25   void * XY::operator new(size_t size_of_item, int arg1 )
26   {
27           cout << "The new(size_t,int) operator for XY class was invoked\n";
28           cout << "size_of_item was " << size_of_item << endl;
29           cout << "arg1 is " << arg1 << endl;
30           XY * ptr = (XY*) malloc (size_of_item);
31           return NULL;
32   }
33
34   // now we are going to provide another polymorphic version of the new operator
35   // remember this affects only new for the XY class, not any other class
36   // the new function will be called to get the memory and then the
37   // constructor will be invoked
38   void * XY::operator new(size_t size_of_item, int arg1, int arg2 )
39   {
40           cout << "The new(size_t,int,int) operator for XY class was invoked\n";
41           cout << "size_of_item was " << size_of_item << endl;
42           cout << "arg1 is " << arg1 << endl;
43           cout << "arg2 is " << arg2 << endl;
44           XY * ptr = (XY*) malloc (size_of_item);
45           return NULL;
46   }
47
```

```
1      main()
2      {
3              int i;
4
5              cout << "AAAAA" << endl;
6              // the one argument new operator will be called
7              // the one argument will be the size of an XY
8              XY * X1 = new XY;                    // first create an instance of an XY
9              cout << "Size of X1 is " << sizeof(X1) << endl;
10             cout << "Size of *X1 is " << sizeof(*X1) << endl;
11             X1->show_x_and_y();
12             cout << endl << endl;
13
14
15             cout << "BBBBB" << endl;
16             // the one argument new operator will be called
17             // the one argument will be the size of an XY
18             XY * X2 = new XY(4);                  // cause one arg constructor to be called
19             cout << "Size of X2 is " << sizeof(X2) << endl;
20             cout << "Size of *X2 is " << sizeof(*X2) << endl;
21             X2->show_x_and_y();
22             cout << endl << endl;
23
24
25             // this will NOT cause any of our new operator functions to be called
26             // WHY?
27             // Because C++ has a global new operator that is used for allocation
28             // of memory for arrays and we don't take it over
29             cout << "CCCCC" << endl;
30             XY * X3 = new XY[3];                  // no initializers can be specified for arrays
31             cout << "Size of X3 is " << sizeof(X3) << endl;
32             cout << "Size of *X3 is " << sizeof(*X3) << endl;
33             X3[0].show_x_and_y();
34             X3[1].show_x_and_y();
35             X3[2].show_x_and_y();
36             cout << endl << endl;
37
38
39
40             cout << "DDDDD" << endl;
41             // the 1 will be passed in as arg1 to the two arg new operator
42             // the 4 will be translated to 4*sizeof(XY) and passed as the first arg
43             XY * X4 = new (1) XY[4];
44             cout << "Size of X4 is " << sizeof(X4) << endl;
45             cout << "Size of *X4 is " << sizeof(*X4) << endl;
46             X4[0].show_x_and_y();
47             X4[1].show_x_and_y();
48             X4[2].show_x_and_y();
49             X4[3].show_x_and_y();
50             cout << endl << endl;
51
```

```cpp
        cout << "EEEEE" << endl;
        // the 10 will be passed in as arg1 to the two arg new operator
        // the 20 will be passed in as arg2 to the two arg new operator
        // the 5 will be translated to 5*sizeof(XY) and passed as the first arg
        XY * X5 = new (10,20) XY[5];
        cout << "Size of X5 is " << sizeof(X5) << endl;
        cout << "Size of *X5 is " << sizeof(*X5) << endl;
        X5[0].show_x_and_y();
        X5[1].show_x_and_y();
        X5[2].show_x_and_y();
        X5[3].show_x_and_y();
        X5[4].show_x_and_y();
        cout << endl << endl;
}
```

```
1    Output From Running Program
2    AAAAA
3    The new(size_t) operator for XY class was invoked
4    size_of_item was 6
5    Calling malloc.... Back from malloc
6    XY no arg constructor called
7    Size of X1 is 2
8    Size of *X1 is 6
9    x is 10 y is 11.1
10
11
12   BBBBB
13   The new(size_t) operator for XY class was invoked
14   size_of_item was 6
15   Calling malloc.... Back from malloc
16   XY one arg constructor called
17   Size of X2 is 2
18   Size of *X2 is 6
19   x is 4 y is 999.999023
20
21
22   CCCCC
23   XY no arg constructor called
24   XY no arg constructor called
25   XY no arg constructor called
26   Size of X3 is 2
27   Size of *X3 is 6
28   x is 10 y is 11.1
29   x is 10 y is 11.1
30   x is 10 y is 11.1
31
32
33   DDDDD
34   The new(size_t,int) operator for XY class was invoked
35   size_of_item was 24
36   arg1 is 1
37   The new(size_t) operator for XY class was invoked
38   size_of_item was 6
39   Calling malloc.... Back from malloc
40   XY no arg constructor called
41   XY no arg constructor called
42   XY no arg constructor called
43   XY no arg constructor called
44   Size of X4 is 2
45   Size of *X4 is 6
46   x is 0 y is 2.687419e+32
47   x is 10 y is 11.1
48   x is 10 y is 11.1
49   x is 10 y is 11.1
50
51
```

282

```
 1    EEEEE
 2    The new(size_t,int,int) operator for XY class was invoked
 3    size_of_item was 30
 4    arg1 is 10
 5    arg2 is 20
 6    The new(size_t) operator for XY class was invoked
 7    size_of_item was 6
 8    Calling malloc.... Back from malloc
 9    XY no arg constructor called
10    XY no arg constructor called
11    XY no arg constructor called
12    XY no arg constructor called
13    XY no arg constructor called
14    Size of X5 is 2
15    Size of *X5 is 6
16    x is 0 y is 2.687419e+32
17    x is 10 y is 11.1
18    x is 10 y is 11.1
19    x is 10 y is 11.1
20    x is 10 y is 11.1
21
```

Section 9

This section is about C++ i/o.

Many C++ programmers just do C i/o and are quite happy.

However, C++ does introduce some new concepts which can be useful.

C++ provides persistent and non persistent formatting of output.

C++ provides different ways to interpret input streams.

C++ provides various methods to open files, via open calls or via constructors.

C++ allows the user to take over the i/o operators for user defined classes and thus remove the need for the programmer to learn special i/o subroutines to use your class.

This chapter also covers the file error handling and file controlling bits of C++

coutcin.cpp   this program illustrates very simple usage of cout and cin

coutfmt1.cpp   do some fundamental formatting using cout

coutfmt2.cpp   the use of ios flags for formatting using cout

coutfmt3.cpp   persistence of formatting

coutfmt4.cpp   width and justification

flushit.cpp   the buffering of output, the separate buffers of printf and cout

testws.cpp   the treatment of whitespace characters and the skipws ios flag

ostream1.cpp   ostream functions tellp flush put write

ostream2.cpp   ostream flags

ostream3.cpp   ostream flags and functions, good, eof, fail, bad, clear

istream1.cpp   istream functions get, peek, putback, read, getline, seekg, tellg

istream2.cpp   istream flags

istream3.cpp   istream flags and functions, good, bad, fail, clear

finfout.cpp   file io

finfout1.cpp   file io

finfout2.cpp   file io

finfout3.cpp   file io

ostristr.cpp   stream status

predefs.cpp   predefined C++ streams cout, cin, cerr, clog

filebit1.cpp   filebit1.dat   filebit1.out   fstream bits

filebit2.cpp   filebit2.dat   filebit2.out   fstream bits and functions

284

1
2   fileop1.cpp   file operations
3
4   fileop2.cpp   file open methods

```cpp
 1    // coutcin.cpp
 2    // C++ allows the programmer to use printf, scanf and other stdio.h routines
 3    // C++ also provides new input, output and error processing abilities
 4    // C++ introduces the concept of a stream
 5    // You place things in an output stream
 6    // Putting things in an output stream is a binary operation that requires
 7    // the name of the stream to be written to and the object to be written
 8    // the operation returns a reference to the stream written to
 9
10    // You take things from an input stream
11    // Taking things from an input stream is a binary operation that requires
12    // the name of the stream to be read from and a location to write the input
13    // object into.
14
15    // The default C++ output stream is named cout
16    // The default C++ input  stream is named cin
17    // The user gains access to cout and cin through iostream.h
18
19    #include <stdio.h>                    // get printf and scanf
20    #include <iostream.h>                 // get cout and cerr
21
22    main()
23    {
24            int i = 0;
25
26            // use the i/o routines from stdio.h
27            printf("Value for i please? ");          // printf is a function
28            scanf("%i",&i);                           // scanf is a function
29            printf("i is %i\n",i);
30            printf("\n");
31
32            cout << "Input a value for i please \n";       // cout is not a function
33            // cout is a STREAM.  Specifically it is an ostream object
34            // an output stream object.
35            // It accepts things to be printed, strings, integers, chars ...
36            // we place the string "Input a value for i please\n" in the stream
37            // using the binary operator <<
38            // The << operator, when used with an ostream object, like cout
39            // passes the item on its right to the ostream object on its left.
40            // The operation returns an ostream operator to allow for chaining.
41
42            cin >> i;                     // cin is not a function
43            // cin is a STREAM.  Specifically it is an istream object
44            // an input stream object.
45            // It reads in things and puts them in the specified place
46            // The >> operator, when used with an istream object, like cin
47            // passes a value from the istream on the left to the variable
48            // on the right.  The operation returns an istream operator to allow
49            // for chaining.
50
```

```
        cout << "You entered " << i << " \n";          // chaining
        // note that no formatting informatino about i was provided
        // in printf we would have to specify a format like %i or %o
        // the cout stream has default formats for each data type
        // in C++, each variable knows its type at run time, therefore
        // information about i, an integer, does not have to be passed
        // explicitly to the cout stream.
        cout << "\n";
}


Output From Running Program
coutcin.out

Value for i please? i is 4

Input a value for i please
You entered 12

```

```
1    // coutfmt1.cpp
2    // this program illustrates some formatting of output
3    // C allows the printf function to use %i %5i %05i to control width and fill
4    // C allows the printf function to use %f %.2f %7.2f to control width and fill
5    // C allows the printf function to use %i %o %x to control base
6
7    // cout is not a function, it is an ostream object
8    // The object maintains information about width, fill, padding, justification
9    // We can tell the cout object to change state via messages that we send it
10   // Some messages that we send are "enumerated types" hex, oct, dec, endl, ends
11   // Some messages that we send are "non-enumerated types"
12   // setw, setprecision, setbase, setfill, setiosflags, resetiosflags
13
14   #include <stdio.h>
15   #include <iostream.h>              // get access to the cout and cin objects
16   #include <iomanip.h>              // get access to modifiers for cout cin objects
17   main()
18   {
19           int i = 13; int j = 15;  int k = 7;
20
21           // C and C++ both print integers by default in base ten
22           printf("i = %i\n",i);   cout << "i = " << i << endl;
23
24           // the %i %o %x indicates what base to print i in
25           printf("i base 10 %i  base 8 %o  base 16 %x\n",i,i,i);
26
27           // the dec, oct, hex tells the cout object in what base to prints ints
28           cout << "i base 10 " << dec << i << endl;
29           cout << "i base 8  " << oct << i << endl;
30           cout << "i base 16 " << hex << i << endl;
31
32           // In C, you need to specify the base for each integer printed
33           // In C++, once you've established a base for ints, it remains in
34           // effect until you change it
35           cout << hex;
36           cout << "A1 i " << i << "\tj " << j << "\tk " << k << endl;
37           cout << "A2 i " << i << "\tj " << j << "\tk " << k << endl;
38           cout << oct;
39           cout << "A3 i " << i << "\tj " << j << "\tk " << k << endl;
40           cout << "A4 i " << i << "\tj " << j << "\tk " << k << endl;
41           cout << dec;
42           cout << "i " << i << endl; cout << "j " << j << endl;
43           cout << "k " << k << endl;
44
45           // In C you may specify the width and precision for each float that
46           // you want to print, in C++ you may specify the width and precision
47           // for each field that you want to print
48           float f = 1.234;   float g = 111.23456;  float h = 11111.23;
49
```

288

```
1        // C and C++ both have a default width and precision for floats
2        printf("f = %f\n",f);  cout << "f = " << f << endl;
3
4        printf("f %f %7.2f \t g %.5f %12.6f \t h %f %4.1f\n",f,f,g,g,h,h);
5        cout << "AAA f " << setw(20) << setprecision(5) << f << endl;
6        cout << "AAA g " << setw(10) << setprecision(15) << f << endl;
7        cout << "AAA h " << setw(40) << setprecision(25) << f << endl;
8
9        cout << "f " << setw(20) << setprecision(7) << setfill(65) <<
10       f << endl;
11    }
```

```
1    Output From Running Program
2    coutfmt1.out
3
4    i = 13                    from first printf and cout
5    i = 13
6
7    i base 10 13  base 8 15  base 16 d
8    i base 10 13
9    i base 8  15
10   i base 16 d
11
12   A1 i d  j f   k 7
13   A2 i d  j f   k 7
14   A3 i 15 j 17   k 7
15   A4 i 15 j 17   k 7
16
17   i 13
18   j 15
19   k 7
20
21   f = 1.234
22   f = 1.234000
23
24   AAA f           1.234
25   AAA g 1.233999967575073
26   AAA h           1.2339999675750732421875
27
28   f 1.234000   1.23     g 111.23456  111.234558     h 11111.230469 11111.2
29
30   f AAAAAAAAAAAAAAA1.234
31
32
```

```
1   // coutfmt2.cpp
2   // this program illustrates some more formatting of output
3
4   #include <stdio.h>
5   #include <iostream.h>        // get access to the cout and cin objects
6   #include <iomanip.h>         // get access to modifiers for cout cin objects
7   main()
8   {
9
10          float f = 1.2;
11          float g = 12.345;
12          float h = 123;
13
14          // left justify output
15          cout << "Left Justify \n";
16          cout.unsetf(ios::right);
17          cout.unsetf(ios::internal);
18          cout.setf(ios::left);
19          cout << setw(10) << f
20                  << setw(10) <<  g
21                  << setw(10) << h << endl;
22
23          // right justify output
24          cout << "\n\nRight Justify \n";
25          cout.unsetf(ios::left);
26          cout.unsetf(ios::internal);
27          cout.setf(ios::right);
28          cout << setw(10) << f
29                  << setw(10) <<  g
30                  << setw(10) << h << endl;
31
32          // "internal" justify output
33          cout << "\n\nInternal Justify \n";
34          cout.unsetf(ios::left);
35          cout.unsetf(ios::right);
36          cout.setf(ios::internal);
37          cout << setw(10) << f
38                  << setw(10) <<  g
39                  << setw(10) << h << endl;
40
41  }
42
```

```
1    Output From Running Program
2    Left Justify
3    1.2    12.345   123
4
5
6    Right Justify
7        1.2   12.345      123
8
9
10   Internal Justify
11       1.2   12.345      123
12
13
```

```
1    // coutfmt3.cpp
2    // this program illustrates some more formatting of output
3    #include <stdio.h>
4    #include <iostream.h>        // get access to the cout and cin objects
5    #include <iomanip.h>         // get access to modifiers for cout cin objects
6    main()
7    {
8            int i = 13; int j = 15;  int k = 7;
9
10           // these displays will use defaults with respect to whether
11           // letters are printed upper or lower case     ios::uppercase
12           // signs are added in front of positive numbers ios::showpos
13           // any indication of base is given              ios::showbase
14
15           // the dec, oct, hex tells the cout object in what base to prints ints
16           cout << "BEFORE SETTING uppercase, showbase, showpos\n";
17           cout << "i base 10 " << dec << i << endl;
18           cout << "i base 8  " << oct << i << endl;
19           cout << "i base 16 " << hex << i << endl;
20
21           // In C++, once you've established a base for ints, it remains in
22           //  effect until you change it
23           cout << hex;
24           cout << "A1 i " << i << "\tj " << j << "\tk " << k << endl;
25           cout << "A2 i " << i << "\tj " << j << "\tk " << k << endl;
26           cout << oct;
27           cout << "A3 i " << i << "\tj " << j << "\tk " << k << endl;
28           cout << "A4 i " << i << "\tj " << j << "\tk " << k << endl;
29           cout << dec;
30           cout << "A5 i " << i << endl; cout << "j " << j << endl;
31           cout << "A6 k " << k << endl;
32
33           // NOW I WILL CHANGE THE  uppercase, showpos, showbase, fields
34           cout.setf(ios::uppercase);
35           cout.setf(ios::showbase);
36           cout.setf(ios::showpos);
37           cout << "AFTER SETTING uppercase, showbase, showpos\n";
38           cout << "i base 10 " << dec << i << endl;
39           cout << "i base 8  " << oct << i << endl;
40           cout << "i base 16 " << hex << i << endl;
41
42           // In C++, once you've established a base for ints, it remains in  effect until you change it
43           cout << hex;
44           cout << "B1 i " << i << "\tj " << j << "\tk " << k << endl;
45           cout << "B2 i " << i << "\tj " << j << "\tk " << k << endl;
46           cout << oct;
47           cout << "B3 i " << i << "\tj " << j << "\tk " << k << endl;
48           cout << "B4 i " << i << "\tj " << j << "\tk " << k << endl;
49           cout << dec;
50           cout << "B5 i " << i << endl; cout << "j " << j << endl;
51           cout << "B6 k " << k << endl;
52    }
53
```

```
1    Output From Running Program
2    BEFORE SETTING uppercase, showbase, showpos
3    i base 10 13
4    i base 8  15
5    i base 16 d
6    A1 i d   j f     k 7
7    A2 i d   j f     k 7
8    A3 i 15  j 17    k 7
9    A4 i 15  j 17    k 7
10   A5 i 13
11   j 15
12   A6 k 7
13   AFTER SETTING uppercase, showbase, showpos
14   i base 10 +13
15   i base 8  015
16   i base 16 0XD
17   B1 i 0XD        j 0XF    k 0X7
18   B2 i 0XD        j 0XF    k 0X7
19   B3 i 015 j 017   k 07
20   B4 i 015 j 017   k 07
21   B5 i +13
22   j +15
23   B6 k +7
24
25
```

```
 1    // coutfmt4.cpp
 2    // this program illustrates some more formatting of output
 3
 4    #include <stdio.h>
 5    #include <iostream.h>        // get access to the cout and cin objects
 6    #include <iomanip.h>         // get access to modifiers for cout cin objects
 7    main()
 8    {
 9
10            float f = 1.2;
11            float g = 12.345;
12            float h = 123;
13
14            cout << "Default Output \n";
15            cout << f << "\t" <<  g << "\t" << h << endl;
16
17            cout << "\nWith width 10 and right justify specified\n";
18            cout.unsetf(ios::left);
19            cout.setf(ios::right);
20            cout << setw(10) << f << "\t" <<
21            setw(10) << g << "\t" <<
22            setw(10) << h << endl;
23
24            cout << "\nWith width 10 and left justify specified\n";
25            cout.unsetf(ios::right);
26            cout.setf(ios::left);
27            cout << setw(10) << f << "\t" <<
28            setw(10) << g << "\t" <<
29            setw(10) << h << endl;
30
31            cout << "\nWith showpoint, no width and right justify set\n";
32            cout.unsetf(ios::left);
33            cout.setf(ios::right);
34            cout.setf(ios::showpoint);
35            cout << f << "\t" <<  g << "\t" << h << endl;
36
37            cout << "\nWith width 10 and showpoint specified\n";
38            cout << setw(10) << f << "\t" <<
39            setw(10) << g << "\t" <<
40            setw(10) << h << endl;
41    }
42
```

```
1    Output From Running Program
2    Default Output
3    1.2     12.345   123
4
5    With width 10 and right justify specified
6         1.2     12.345              123
7
8    With width 10 and left justify specified
9    1.2        12.345               123
10
11   With showpoint, no width and right justify set
12   1.200000        12.345000        123.000000
13
14   With width 10 and showpoint specified
15     1.200000        12.345000        123.000000
16
17
```

```
1    // flushit.cpp
2
3    // you need to compile and run this program to SEE the differences
4    // that buffering may or may not make in your system
5
6    // this program shows you how to manipulate, by either using the default
7    // mechanism, forcing buffering on, or forcing buffering off, the buffering
8    // mechanism that your system wants to use
9
10   // Both C and C++ will have their output buffered in certain situations
11   // You can force the output to be displayed immediately by FLUSHing the
12   // output buffer.  If you are going to use printf and cout in the same
13   // program, you need to be very careful to flush after each statement.
14   // This is because printf and cout have seperate buffers that may fill
15   // and be dumped by the system at different rates and thus the sequence of
16   // printfs and couts that you wrote may not display in that sequence
17
18   #include <stdio.h>
19   #include <iostream.h>
20   #include <dos.h>              // this line is operating system dependant
21   main()
22   {
23           int i;
24
25           // this loop will use the default buffering that your system uses
26
27           // this loop should produce output of
28           // printf cout printf cout printf cout printf cout
29           // on some systems it will print
30           // printf printf printf printf cout cout cout cout
31           // on other systems, it will mix them up in an undetermined way
32           // on some systems they will be printed at one second intervals
33           // on other systems they won't be displayed until the flushing
34           // endl and cr are output
35
36           // the point of this section is that if you are going to do output
37           // you have to remember that it is buffered and that unexplained
38           // output results can often be explained by examining the buffering
39           // mechanism that your compiler and operating system use
40           for ( i = 0; i < 4; i++ )
41           {
42                   printf(" printf ");
43                   cout << " cout ";            // put cout in the output buffer
44                   sleep(1);          // wait a second
45           }
46           printf("\n");
47           cout << endl;
48
```

```
1    // cout has two functions unsetf and setf which are used to manipulate
2    // the state of certain bits that control its behaviour
3    // unsetf clears a flag
4    // setf   sets   a flag
5    // the flag ios::unitbuf, when set, forces all streams to be flushed
6    //       immediately after anything is inserted into them
7    // the flag ios::stdio, when set, forces stdout and stderr to be
8    //       flushed immediately after anything is inserted into them
9
10   cout.unsetf(ios::unitbuf);          // turn off buffer flushing
11   cout.unsetf(ios::stdio);            // turn off buffer flushing
12
13   for ( i = 0; i < 4; i++ )
14   {
15           printf(" printf ");
16           cout << " cout ";          // put cout in the output buffer
17           sleep(1);          // wait a second
18   }
19   printf("\n");
20   cout << endl << endl;
21
22   // this loop should produce output of
23   // printf cout printf cout printf cout printf cout
24   // this loop explicitly flushes the buffers that it is writing to
25   // the standard output buffer is flushed with fflush
26   // the ostream buffer is flushed using the cout reserved word flush
27   // a carriage return or an endl would have the same result
28   for ( i = 0; i < 4; i++ )
29   {
30           printf(" printf ");                // put printf in the output buffer
31           fflush(stdout);
32           cout << " cout " << flush;         // put cout in the output buffer
33           sleep(1);                // wait a second
34   }
35   printf("\n");
36   cout << endl;
37 }
38
```

```
1    Output From Running Program To Output File
2     cout  cout  cout  cout
3     cout  cout  cout  cout
4
5     printf  printf  printf  printf
6     printf  printf  printf  printf
7     printf  cout  printf  cout  printf  cout  printf  cout
8
9
10
11    Screen Dump From Running To Screen
12     printf cout  printf cout  printf cout  printf cout
13
14     printf  printf  printf  printf
15     cout  cout  cout  cout
16
17     printf  cout  printf  cout  printf  cout  printf  cout
18
```

```cpp
// testws.cpp
// this program demonstrates the difference between doing input with cin
// and the default setup versus doing input with cin with skips specified
#include <iostream.h>
main()
{
        char a,b,c;
        int i,j,k;

        // this line tells the system NOT to ignore white space characters
        // on input
        cin.setf(ios::skipws);

        cout << "Enter three characters with no spaces between them\n";
        cin >> a >> b >> c ;
        cout << "You entered " << a << " " << b << " " << c << endl;

        cout << "Enter three characters with some spaces between them\n";
        cin >> a >> b >> c ;
        cout << "You entered " << a << " " << b << " " << c << endl;

        cout << "Enter three integers with spaces between them\n";
        cin >> i >> j >> k ;
        cout << "You entered " << i << " " << j << " " << k << endl;

        // this line tells the system TO ignore white space characters on input
        cin.unsetf(ios::skipws);

        cout << "Enter three characters with no spaces between them\n";
        cin >> a >> b >> c ;
        cout << "You entered " << a << " " << b << " " << c << endl;

        cout << "Enter three characters with some spaces between them\n";
        cin >> a >> b >> c ;
        cout << "You entered " << a << " " << b << " " << c << endl;

        cout << "Enter three integers with spaces between them\n";
        cin >> i >> j >> k ;
        cout << "You entered " << i << " " << j << " " << k << endl;
}
```

```
1    Output From Running Program
2    Enter three characters with no spaces between them
3    You entered a  b  c
4    Enter three characters with some spaces between them
5    You entered a  b  c
6    Enter three integers with spaces between them
7    You entered 1  2  3
8    Enter three characters with no spaces between them
9    You entered
10    a  b
11   Enter three characters with some spaces between them
12   You entered c
13   Enter three integers with spaces between them
14   You entered 1  2  3
15
16
```

```
1    // ostream1.cpp
2
3    // the ostream class provides some useful functions
4    // flush()          to clear the output buffer
5    // put()            to print one character
6    // write()          to print many characters
7    // tellp()          where is the output pointer?
8
9    #include <iostream.h>
10
11   char s[] = {"This is a message"};
12
13   main()
14   {
15           int i,j,k,l;
16
17           i = cout.tellp();
18           cout.put('A');
19           cout.put('B');
20           cout.put('C');
21           cout.put('D');
22           cout.flush();
23
24           j = cout.tellp();
25           cout.write("XXXX",4);
26           cout.flush();
27
28           k = cout.tellp();
29           cout.write(s,sizeof(s) );
30           l = cout.tellp();
31           cout.flush();
32
33           cout << endl << endl;
34           cout << "Before ABCD The output stream pointer was at "
35                   << i << endl;
36           cout << "Before XXX The output stream pointer was at "
37                   << j << endl;
38           cout << "Before s the output stream pointer was at "
39                   << k << endl;
40           cout << "After  s the output stream pointer was at "
41                   << l << endl;
42   }
43
```

Output From Running Program

ABCDXXXXThis is a message

Before ABCD The output stream pointer was at 0
Before XXX The output stream pointer was at 4
Before s the output stream pointer was at 8
After s the output stream pointer was at 26
ABCDXXXXThis is a message

Before ABCD The output stream pointer was at 216
Before XXX The output stream pointer was at 220
Before s the output stream pointer was at 224
After s the output stream pointer was at 242
ABCDXXXXThis is a message

Before ABCD The output stream pointer was at 439
Before XXX The output stream pointer was at 443
Before s the output stream pointer was at 447
After s the output stream pointer was at 465
ABCDXXXXThis is a message

Before ABCD The output stream pointer was at 662
Before XXX The output stream pointer was at 666
Before s the output stream pointer was at 670
After s the output stream pointer was at 688
ABCDXXXXThis is a message

Before ABCD The output stream pointer was at 885
Before XXX The output stream pointer was at 889
Before s the output stream pointer was at 893
After s the output stream pointer was at 911

```cpp
1    // ostream2.cpp
2    // the ostream has a number of flags that control it
3    // they can be read as a group
4    // they can be queried individually to return a true/false answer
5    #include <iostream.h>
6
7    main()
8    {
9            long int first_flags  = 0;
10           long int second_flags = 0;
11           int i;
12           long int j = 0;
13           long int k = 0;
14           char c;
15
16           first_flags = cout.flags();
17           cout << "The default value of the flags for cout is: ";
18           cout << hex << first_flags << endl;
19
20           cout.setf(ios::hex);
21           cout.setf(ios::showbase);
22
23           cout << "Bit for skipws is     \t" << ios::skipws << endl;
24           cout << "Bit for left   is    \t" << ios::left   << endl;
25           cout << "Bit for right  is    \t" << ios::right  << endl;
26           cout << "Bit for internal is  \t" << ios::internal << endl;
27           cout << "Bit for dec is       \t" << ios::dec << endl;
28           cout << "Bit for oct is       \t" << ios::oct << endl;
29           cout << "Bit for hex is       \t" << ios::hex << endl;
30           cout << "Bit for showbase is  \t" << ios::showbase << endl;
31           cout << "Bit for showpoint is \t" << ios::showpoint << endl;
32           cout << "Bit for scientific is \t" << ios::scientific << endl;
33           cout << "Bit for fixed is     \t" << ios::fixed << endl;
34           cout << "Bit for unitbuf is   \t" << ios::unitbuf << endl;
35           cout << "Bit for stdio is     \t" << ios::stdio << endl;
36
37           second_flags = cout.flags();
38           cout << "The value of the flags for cout is: ";
39           cout << hex << second_flags << endl;
40
41           j = cout.width();
42           cout << "The value of the width for cout is: ";
43           cout << dec << j << endl;
44
45           k = cout.precision();
46           cout << "The value of the precision for cout is: ";
47           cout << dec << k << endl;
48
49           c = cout.fill();
50           i = (int) c;
51           cout << "The value of the fill for cout is: ";
52           cout << hex << i << endl;
53    }
```

```
1   Output From Running Program
2   The default value of the flags for cout is: 1
3   Bit for skipws is          0x1
4   Bit for left   is     0x2
5   Bit for right  is          0x4
6   Bit for internal is        0x8
7   Bit for dec is             0x10
8   Bit for oct is        0x20
9   Bit for hex is             0x40
10  Bit for showbase is        0x80
11  Bit for showpoint is       0x100
12  Bit for scientific is      0x800
13  Bit for fixed is           0x1000
14  Bit for unitbuf is         0x2000
15  Bit for stdio is           0x4000
16  The value of the flags for cout is: 0xc1
17  The value of the width for cout is: 0
18  The value of the precision for cout is: 0
19  The value of the fill for cout is: 0x20
20
21
```

```
1    // ostream3.cpp
2    // the ostream has a number of flags that report its status
3    // they can be read as a group
4    // they can be queried individually to return a true/false answer
5
6    #include <iostream.h>
7
8    main()
9    {
10           long int first_state  = 0;
11           int i,j,k,l,m,n;
12
13           first_state = cout.rdstate();
14           cout << "The default value of the state for cout is: ";
15           cout << hex << first_state << endl;
16
17           cout.setf(ios::hex);
18           cout.setf(ios::showbase);
19
20           cout << "Bit for goodbit is    \t" << ios::goodbit  << endl;
21           cout << "Bit for eofbit  is    \t" << ios::eofbit   << endl;
22           cout << "Bit for failbit is    \t" << ios::failbit  << endl;
23           cout << "Bit for badbit  is    \t" << ios::badbit   << endl;
24           cout << "Bit for hardfail is    \t" << ios::hardfail << endl;
25
26           j = cout.good();
27           cout << "The value of good for cout is: ";
28           cout << dec << j << endl;
29
30           k = cout.eof();
31           cout << "The value of eof for cout is: ";
32           cout << dec << k << endl;
33
34           l = cout.fail();
35           cout << "The value of fail for cout is: ";
36           cout << dec << l << endl;
37
38           m = cout.bad();
39           cout << "The value of bad for cout is: ";
40           cout << dec << m << endl;
41
42           // if the ostream gets into a bad state, you can attempt to
43           // clear it using
44           cout.clear();
45    }
```

```
 1    Output From Running Program
 2
 3    The default value of the state for cout is: 0
 4    Bit for goodbit  is         0x0
 5    Bit for eofbit   is         0x1
 6    Bit for failbit  is         0x2
 7    Bit for badbit   is         0x4
 8    Bit for hardfail is         0x80
 9    The value of good for cout is: 1
10    The value of eof for cout is: 0
11    The value of fail for cout is: 0
12    The value of bad for cout is: 0
13
14
```

```
1      // istream1.cpp
2      // the istream class provides some useful functions
3      // get            to extract a single character
4      // peek           to look at next char without extracting
5      // putback        to put character back into istream
6      // read           to get a specified number of characters from stream
7      // getline        to get up to a specified number of characters or
8      //                to get up until a specified line terminator is encountered
9      // seekg          to move the get pointer in the istream
10     // tellg          to tell where the get pointer is in the istream
11
12     #include <iostream.h>
13     #include <stdio.h>
14     #include <string.h>
15
16     main()
17     {
18             long int i,j,k,l,m,n,o;
19             char c;
20             char s[100];
21
22             i = cin.tellg();              // find out where the pointer is
23             s[0] = NULL;                  // make sure s has nothing in it
24
25             cout << "Enter a character and press return please ";
26             cin >> c;          // read a character using >> operator
27             cout << "You entered " << c << endl;
28
29             j = cin.tellg();              // find out where the pointer is
30             s[0] = NULL;                  // make sure s has nothing in it
31
32             cout << "Enter a character and press return please ";
33             c = cin.get();                // read a character using get operator
34             cout << "You entered " << c << endl;
35
36             // in this case we ask for a carriage return terminated string
37             // we use the cin operator >> which knows how to read into a
38             // character pointer
39             s[0] = NULL;
40             k = cin.tellg();
41             cout << "Enter a cr terminated string please ";
42             cin >> s;
43             cout << "You entered " << s << endl;
44
45             // in this case we ask for five characters,
46             // the system has been programmed to look for ten characters
47             // the system keeps reading until it sees ten characters
48             // even the carriage return does not terminate the string
49             s[0] = NULL;
50             l = cin.tellg();
51             cout << "Enter a 5 character, cr terminated string please ";
52             cin.read(s,10);
53             s[10] = NULL;  // stop s from running away
54             cout << "You entered " << s << endl;
```

```
1
2          // in this case we ask for fifteen characters,
3          // the system has been programmed to look for ten characters
4          // the system keeps reading until it sees ten characters
5          // once it sees 10 characters it stops
6          s[0] = NULL;
7          m = cin.tellg();
8          cout << "Enter a 15 character, cr terminated string please ";
9          cin.read(s,10);
10         s[10] = NULL;   // stop s from running away
11         cout << "You entered " << s << endl;
12
13         // in this case we are asking for a five character string that
14         // is to be terminated by an X
15         // the system has been programmed to look for up to 10 chars
16         // if the system sees ten characters, or an X, it stops reading
17         s[0] = NULL;
18         n = cin.tellg();
19         cout << "Enter a 5 character, X terminated string please ";
20         cin.getline(s,10,'X');
21         cout << "You entered " << s << endl;
22
23         s[0] = NULL;
24         o = cin.tellg();
25         cout << "Enter a 15 character, X terminated string please ";
26         cin.getline(s,10,'X');
27         cout << "You entered " << s << endl;
28
29         cout << endl << endl;
30         cout << "The input stream pointer was at " << i << endl;
31         cout << "The input stream pointer was at " << j << endl;
32         cout << "The input stream pointer was at " << k << endl;
33         cout << "The input stream pointer was at " << l << endl;
34         cout << "The input stream pointer was at " << m << endl;
35         cout << "The input stream pointer was at " << n << endl;
36         cout << "The input stream pointer was at " << o << endl;
37
38  }
39
```

```
1    Output From Running Program
2    Enter a character and press return please You entered a
3    Enter a character and press return please You entered e
4    Enter a cr terminated string please You entered 234567890123
5    Enter a 5 character, cr terminated string please You entered 4567890123
6    Enter a 15 character, cr terminated string please You entered
7    abcdeX
8    fg
9    Enter a 5 character, X terminated string please You entered jkX
10   Enter a 15 character, X terminated string please You entered lmnopqrst
11
12
13   The input stream pointer was at 0
14   The input stream pointer was at 10
15   The input stream pointer was at 17
16   The input stream pointer was at 34
17   The input stream pointer was at 48
18   The input stream pointer was at 62
19   The input stream pointer was at 67
20
21
```

```
// istream2.cpp
// the istream has a number of flags that control it
// they can be read as a group
// they can be queried individually to return a true/false answer

#include <iostream.h>

main()
{
        long int first_flags  = 0;
        int i;
        char c;

        first_flags = cin.flags();
        cout << "The default value of the flags for cin is: ";
        cout << hex << first_flags << endl;

        cout << "Bit for skipws is     \t" << ios::skipws << endl;
        cout << "Bit for left   is     \t" << ios::left   << endl;
        cout << "Bit for right  is     \t" << ios::right  << endl;
        cout << "Bit for internal is   \t" << ios::internal << endl;
        cout << "Bit for dec is        \t" << ios::dec << endl;
        cout << "Bit for oct is        \t" << ios::oct << endl;
        cout << "Bit for hex is        \t" << ios::hex << endl;
        cout << "Bit for showbase is   \t" << ios::showbase << endl;
        cout << "Bit for showpoint is  \t" << ios::showpoint << endl;
        cout << "Bit for scientific is \t" << ios::scientific << endl;
        cout << "Bit for fixed is      \t" << ios::fixed << endl;
        cout << "Bit for unitbuf is    \t" << ios::unitbuf << endl;
        cout << "Bit for stdio is      \t" << ios::stdio << endl;

}
```

```
 1    Output From Running Program
 2    The default value of the flags for cin is: 1
 3    Bit for skipws is         1
 4    Bit for left   is         2
 5    Bit for right  is         4
 6    Bit for internal is       8
 7    Bit for dec is            10
 8    Bit for oct is            20
 9    Bit for hex is            40
10    Bit for showbase is       80
11    Bit for showpoint is      100
12    Bit for scientific is     800
13    Bit for fixed is          1000
14    Bit for unitbuf is        2000
15    Bit for stdio is          4000
16
17
```

```
1   // istream3.cpp
2   // the istream has a number of flags that report its status
3   // they can be read as a group
4   // they can be queried individually to return a true/false answer
5
6   #include <iostream.h>
7
8   main()
9   {
10          long int first_state = 0;
11          int i,j,k,l,m,n;
12
13          first_state = cin.rdstate();
14          cout << "The default value of the state for cin is: ";
15          cout << hex << first_state << endl;
16
17          cout << "Bit for goodbit is    \t" << ios::goodbit  << endl;
18          cout << "Bit for eofbit   is   \t" << ios::eofbit   << endl;
19          cout << "Bit for failbit  is   \t" << ios::failbit  << endl;
20          cout << "Bit for badbit   is   \t" << ios::badbit   << endl;
21          cout << "Bit for hardfail is   \t" << ios::hardfail << endl;
22
23          j = cin.good();
24          cout << "The value of good for cin is: ";
25          cout << dec << j << endl;
26
27          k = cin.eof();
28          cout << "The value of eof for cin is: ";
29          cout << dec << k << endl;
30
31          l = cin.fail();
32          cout << "The value of fail for cin is: ";
33          cout << dec << l << endl;
34
35          m = cin.bad();
36          cout << "The value of bad for cin is: ";
37          cout << dec << m << endl;
38
39          // if the ostream gets into a bad state, you can attempt to
40          // clear it using
41          cin.clear();
42  }
```

```
1    Output From Running Program
2    The default value of the state for cin is: 0
3    Bit for goodbit  is          0
4    Bit for eofbit   is          1
5    Bit for failbit  is          2
6    Bit for badbit   is          4
7    Bit for hardfail is          80
8    The value of good for cin is: 1
9    The value of eof for cin is: 0
10   The value of fail for cin is: 0
11   The value of bad for cin is: 0
12
13
```

```
1    // finfout.cpp
2
3    // fstreams inherit from iostreams
4    // ifstream inherits from istream
5    // ofstream inherits from ostream
6
7    // the streams have a collection of bits that describe their current state
8    // the streams have a collection of functions to help manipulate them
9    // the streams have a number of enumerated values that control how they
10   // are opened.
11   // subsequent programs, finfout1.cpp finfout2.cpp finfout3.cpp will explore
12   // these bits, functions, and open mechanisms
13
14   // this program simply opens a file and reads it
15
16   #include <iostream.h>
17   #include <fstream.h>
18   #include <stdio.h>
19   #include <stdlib.h>
20
21   main()
22   {
23           // open the data file for reading
24           ifstream in("finfout.dat");          // use default constructor
25           if ( in.good() )
26           {
27                   cout << "File open succeeded\n";
28           }
29           else
30           {
31                   cout << "File open failed\n";
32                   exit(-1);
33           }
34
35           char c;
36           in >> c;
37           while ( in.eof() == 0 )
38           {
39                   cout << c;
40                   in >> c;
41           }
42
43           // now that we have generated an EOF
44           // look at the flags and try to clear the bad state
45           int i = in.rdstate();
46           cout << "\n the EOF but before the clear\n";
47           cout << "rdstate yielded " << i << endl;
48           i = in.good();
49           cout << "good yielded " << i << endl;
50           i = in.bad();
51           cout << "bad yielded " << i << endl;
52           i = in.eof();
53           cout << "eof yielded " << i << endl;
54           i = in.fail();
```

```cpp
1              cout << "fail yielded " << i << endl;
2
3              // now try to clear the bad state
4              in.clear();
5              i = in.rdstate();
6              cout << "After the EOF and after the clear\n";
7              cout << "rdstate yielded " << i << endl;
8              i = in.good();
9              cout << "good yielded " << i << endl;
10             i = in.bad();
11             cout << "bad yielded " << i << endl;
12             i = in.eof();
13             cout << "eof yielded " << i << endl;
14             i = in.fail();
15             cout << "fail yielded " << i << endl;
16
17             // be nice and clean up after myself
18             in.close();
19      }
20
21
```

```
1    Output From Running Program
2    File open succeeded
3    1234567890abcdefghih
4     the EOF but before the clear
5    rdstate yielded 1
6    good yielded 0
7    bad yielded 0
8    eof yielded 1
9    fail yielded 0
10   After the EOF and after the clear
11   rdstate yielded 0
12   good yielded 1
13   bad yielded 0
14   eof yielded 0
15   fail yielded 0
16
17
```

```
1   // finfout1.cpp
2   // this program opens a file for reading
3   // queries you for the name of the file you want to create and writes
4   // the file opened for reading into the file opened for writing
5
6   #include <iostream.h>
7   #include <fstream.h>
8   #include <stdio.h>
9   #include <stdlib.h>
10
11  main()
12  {
13          // open the data file for reading
14          ifstream in("finfout.dat");          // use default constructor
15          if ( in.good() )
16          {
17                  cout << "File open succeeded\n";
18          }
19          else
20          {
21                  cout << "File open failed\n";
22                  exit(-1);
23          }
24
25          // open the data file for writing
26          char out_name[100];        // should handle most file names
27          cout << "Enter file name to copy to \n";
28          cin >> out_name;
29          cout << "You entered " << out_name << endl;
30
31          ofstream out(out_name);              // automatically opened for writing
32          if ( out.good() )
33          {
34                  cout << "Output File open succeeded\n";
35          }
36          else
37          {
38                  cout << "Output File open failed\n";
39                  exit(-2);
40          }
41
42          char c;
43          in >> c;
44          while ( in.eof() == 0 )
45          {
46                  cout << c;         // write to the screen
47                  out << c;          // write to the file
48                  in >> c;
49          }
50          // be nice and clean up after myself
51          in.close();
52          out.close();
53  }
```

318

1   Output From Running Program
2   File open succeeded
3   Enter file name to copy to
4   You entered copyto1
5   Output File open succeeded
6   1234567890abcdefghih
7
8

```
1    // finfout2.cpp
2    // this program opens a file for reading and writing
3    // it reads every other character from the file
4    #include <iostream.h>
5    #include <fstream.h>
6    #include <stdio.h>
7    #include <stdlib.h>
8
9    // this program uses
10   // seekg(number,position)
11   // seekp(number,position)
12
13   // the number may be positive or negative
14   // positive  => move forward  number characters from position
15   // negative  => move backward number characters from position
16
17   // position may be
18   // ios::beg        beginning of file
19   // ios::cur        current position in file
20   // ios::end        ending of file
21
22
23   // this program also uses
24   // tellg()         report the current position of get pointer
25   // tellp()         report the current position of put pointer
26   main()
27   {
28           char d;
29
30           // open the data file for reading and writing
31           // uses the two argument constructor
32           fstream inout("finfout2.dat", ios::in | ios::out | ios::nocreate );
33           if ( inout.good() )
34           {
35                   cout << "File open succeeded\n";
36           }
37           else
38           {
39                   cout << "File open failed\n";
40                   exit(-1);
41           }
42
43           char c;
44
45           // find out where the end of the file is
46           inout.seekp(0,ios::end);            // move to end of file
47           int lastpos = inout.tellp();        // find out where end is
48           cout << "Last position in file is " << lastpos << endl;
49
50           int jtgetpos = 0;
51           inout.seekg(jtgetpos,ios::beg);     // position the input pointer
52           int curgetpos = inout.tellg();
53           cout << "Initial get position is " << curgetpos << endl;
54           inout >> c;
```

```
1          cout << "Read " << c << " from initial position \n";
2
3          while ( inout.eof() == 0 )
4          {
5                  jtgetpos += 2;
6                  inout.seekg(jtgetpos,ios::beg);        // position the input pointer
7                  curgetpos = inout.tellg();
8                  cout << "New get position is " << curgetpos << endl;
9                  inout >> c;
10                 cout << "Read " << c << " from new position \n";
11         }
12
13         // be nice and clean up after myself
14         inout.close();
15  }
16
17  Output From Running Program
18  File open succeeded
19  Last position in file is 14
20  Initial get position is 0
21  Read a from initial position
22  New get position is 2
23  Read c from new position
24  New get position is 4
25  Read e from new position
26  New get position is 6
27  Read g from new position
28  New get position is 8
29  Read i from new position
30  New get position is 10
31  Read i from new position
32
33
```

```
1    // finfout3.cpp
2    // this program opens a file for reading and writing
3    // it reads every other character from the file and overwrites the
4    // next character in the file
5    // for example, an input file of
6    // abcdefghij
7    //               would be changed to
8    // aacceeggii
9
10   #include <iostream.h>
11   #include <fstream.h>
12   #include <stdio.h>
13   #include <stdlib.h>
14
15   // this program uses
16   // seekg(number,position)
17   // seekp(number,position)
18
19   // the number may be positive or negative
20   // positive  => move forward  number characters from position
21   // negative  => move backward number characters from position
22
23   // position may be
24   // ios::beg      beginning of file
25   // ios::cur      current position in file
26   // ios::end      ending of file
27
28   // this program also uses
29   // tellg()       report the current position of get pointer
30   // tellp()       report the current position of put pointer
31   main()
32   {
33          char d;
34
35          // open the data file for reading and writing
36          // uses the two argument constructor
37          fstream inout("finfout2.dat", ios::in | ios::out | ios::nocreate );
38          if ( inout.good() )
39          {
40                 cout << "File open succeeded\n";
41          }
42          else
43          {
44                 cout << "File open failed\n";
45                 exit(-1);
46          }
47
48          char c;
49
50          // find out where the end of the file is
51          inout.seekp(0,ios::end);        // move to end of file
52          int lastpos = inout.tellp();    // find out where end is
53          cout << "Last position in file is " << lastpos << endl;
54
```

```
int jtgetpos = 0;
inout.seekg(jtgetpos,ios::beg);   // position the input pointer
int curgetpos = inout.tellg();
cout << "Initial get position is " << curgetpos << endl;
inout >> c;
cout << "Read " << c << " from initial position \n";

while ( inout.eof() == 0 )
{
        jtgetpos += 2;
        inout.seekp(jtgetpos - 1, ios::beg);
        inout.put(c);

        inout.seekg(jtgetpos,ios::beg);   // position the input pointer
        curgetpos = inout.tellg();
        cout << "New get position is " << curgetpos << endl;
        inout >> c;
        cout << "Read " << c << " from new position \n";
}

// be nice and clean up after myself
inout.close();
}

Output From Running Program
File open succeeded
Last position in file is 14
Initial get position is 0
Read a from initial position
New get position is 2
Read c from new position
New get position is 4
Read e from new position
New get position is 6
Read g from new position
New get position is 8
Read i from new position
New get position is 10
Read i from new position
```

```
1    // ostristr.cpp
2    // ostreams and istreams can be checked to be good or not
3    // without using the function call cout.good() or cin.good()
4
5    #include <iostream.h>
6
7    main()
8    {
9            char c;
10
11           cout << "Enter a letter and then press return\n";
12           cin >> c;
13           cout << "You entered " << c << endl;
14
15           if ( cout )
16           {
17                   cout << "Cout is still in a good state\n";
18           }
19
20           if ( cin )
21           {
22                   cout << "Cin is still in a good state \n";
23           }
24   }
25
26
27   Output From Running Program
28   Enter a letter and then press return
29   You entered a
30   Cout is still in a good state
31   Cin is still in a good state
32
33
```

```
1   // predefs.cpp
2   // C++ provides four predefined streams for you
3   // cout            default output stream (stdout)
4   // cin             default input stream  (stdin)
5   // cerr            default error stream  (stderr)
6   // clog
7
8   #include <iostream.h>
9
10  main()
11  {
12          char c;
13          clog << "First Message sent to clog \n";
14          cout << "Message sent to cout \n";
15          clog << "Second Message sent to clog \n";
16          cerr << "Message sent to cerr \n";
17          clog << "Third Message sent to clog \n";
18
19          cout << "Enter a letter and press return \n";
20          cin >> c;
21          cout << "You entered " << c << endl;
22
23          clog << "Fourth Message sent to clog \n";
24  }
25
26
27  Output From Running Program
28  Message sent to cout
29  Enter a letter and press return
30  You entered b
31
32
```

```
1   // filebit1.cpp
2   // the fstreams have a number of flags that control it
3   // they can be read as a group
4   // they can be queried individually to return a true/false answer
5
6   #include <iostream.h>
7   #include <fstream.h>
8
9   main()
10  {
11          long int first_flags  = 0;
12          int i;
13          char c;
14
15          ifstream in("filebits.in");   // use default constructor
16          ofstream out("filebits.out");          // use default constructor
17
18          first_flags = in.flags();
19          cout << "The default value of the flags for in is: ";
20          cout << hex << first_flags << endl << endl;
21
22          first_flags = out.flags();
23          cout << "The default value of the flags for out is: ";
24          cout << hex << first_flags << endl << endl;
25
26          cout << "Bit for skipws is     \t" << ios::skipws << endl;
27          cout << "Bit for left   is     \t" << ios::left   << endl;
28          cout << "Bit for right  is     \t" << ios::right  << endl;
29          cout << "Bit for internal is   \t" << ios::internal << endl;
30          cout << "Bit for dec is        \t" << ios::dec << endl;
31          cout << "Bit for oct is        \t" << ios::oct << endl;
32          cout << "Bit for hex is        \t" << ios::hex << endl;
33          cout << "Bit for showbase is   \t" << ios::showbase << endl;
34          cout << "Bit for showpoint is  \t" << ios::showpoint << endl;
35          cout << "Bit for scientific is \t" << ios::scientific << endl;
36          cout << "Bit for fixed is      \t" << ios::fixed << endl;
37          cout << "Bit for unitbuf is    \t" << ios::unitbuf << endl;
38          cout << "Bit for stdio is      \t" << ios::stdio << endl;
39
40  }
41
```

```
1    Output From Running Program
2    The default value of the flags for in is: 1
3
4    The default value of the flags for out is: 1
5
6    Bit for skipws is          1
7    Bit for left   is     2
8    Bit for right  is          4
9    Bit for internal is        8
10   Bit for dec is             10
11   Bit for oct is       20
12   Bit for hex is             40
13   Bit for showbase is        80
14   Bit for showpoint is       100
15   Bit for scientific is      800
16   Bit for fixed is           1000
17   Bit for unitbuf is         2000
18   Bit for stdio is           4000
19
20
```

```
1    // filebit2.cpp
2    #include <iostream.h>
3    #include <fstream.h>
4    main()
5    {
6            long int first_state  = 0;
7            int i,j,k,l,m,n;
8
9            ifstream in("filebit2.in");
10           first_state = in.rdstate();
11           cout << "The default value of the state for in is: ";
12           cout << hex << first_state << endl;
13
14           cout << "Bit for goodbit is    \t" << ios::goodbit  << endl;
15           cout << "Bit for eofbit  is    \t" << ios::eofbit   << endl;
16           cout << "Bit for failbit is    \t" << ios::failbit  << endl;
17           cout << "Bit for badbit  is    \t" << ios::badbit   << endl;
18           cout << "Bit for hardfail is   \t" << ios::hardfail << endl;
19
20           j = in.good();
21           cout << "The value of good for in is: ";
22           cout << dec << j << endl;
23
24           k = in.eof();
25           cout << "The value of eof for in is: ";
26           cout << dec << k << endl;
27
28           l = in.fail();
29           cout << "The value of fail for in is: ";
30           cout << dec << l << endl;
31
32           m = in.bad();
33           cout << "The value of bad for in is: ";
34           cout << dec << m << endl;
35
36           // if the ostream gets into a bad state, you can attempt to
37           // clear it using
38           in.clear();
39
40           ofstream out("filebit2.out");
41           first_state = out.rdstate();
42           cout << "The default value of the state for out is: ";
43           cout << hex << first_state << endl;
44
45           cout << "Bit for goodbit is    \t" << ios::goodbit  << endl;
46           cout << "Bit for eofbit  is    \t" << ios::eofbit   << endl;
47           cout << "Bit for failbit is    \t" << ios::failbit  << endl;
48           cout << "Bit for badbit  is    \t" << ios::badbit   << endl;
49           cout << "Bit for hardfail is   \t" << ios::hardfail << endl;
50
51           j = out.good();
52           cout << "The value of good for out is: ";
53           cout << dec << j << endl;
54
```

```
1        k = out.eof();
2        cout << "The value of eof for out is: ";
3        cout << dec << k << endl;
4
5        l = out.fail();
6        cout << "The value of fail for out is: ";
7        cout << dec << l << endl;
8
9        m = out.bad();
10       cout << "The value of bad for out is: ";
11       cout << dec << m << endl;
12
13       // if the ostream gets into a bad state, you can attempt to
14       // clear it using
15       out.clear();
16
17   }
18
19   Output From Running Program
20   The default value of the state for in is: 0
21   Bit for goodbit  is           0
22   Bit for eofbit   is           1
23   Bit for failbit  is           2
24   Bit for badbit   is           4
25   Bit for hardfail is           80
26   The value of good for in is: 1
27   The value of eof for in is: 0
28   The value of fail for in is: 0
29   The value of bad for in is: 0
30   The default value of the state for out is: 0
31   Bit for goodbit  is           0
32   Bit for eofbit   is           1
33   Bit for failbit  is           2
34   Bit for badbit   is           4
35   Bit for hardfail is           80
36   The value of good for out is: 1
37   The value of eof for out is: 0
38   The value of fail for out is: 0
39   The value of bad for out is: 0
40
41
```

```
1   // fileop1.cpp
2   // C++ allows you to work with files
3   // C++ can work with C files just the way you already know them
4   // I recommend staying with the C file routines because they are
5   // widely and correctly implemented
6
7   #include <stdio.h>
8   #include <iostream.h>
9   #include <fstream.h>    // get access to the file routines
10
11  // ifstream inherits from istream
12  // ofstream inherits from ostream
13
14  // There are several bits that control how a file is opened
15  // they are enumerated in iostream.h
16
17  //      in              open for reading
18  //      out             open for writing
19
20  //      ate             seek to eof on original open
21
22  //      app             append, seek to eof on open
23
24  //      trunc           delete file if it already exists
25  //      nocreate        open fails if file doesn't already exist
26  //      noreplace       open fails if file already does exist
27
28  //      binary          open file in binary mode, not a text file
29
30  // there are several functions for querying the status of a file
31  // rdstate()
32  // eof()
33  // fail()
34  // bad()
35  // good()
36
37  // if these calls look familiar, they are, remember that ifstream and ofstream
38  // inherit from istream and ostream
39  main()
40  {
41          char c;
42
43          ofstream out("fileopen.dat");       // open for output, use default constructor
44          out << "This message came from fileopen.cpp \n";
45          out.close();                    // close the file
46
47          ifstream in("fileopen.dat");        // open for input, use default constructor
48          in >> c;            // get character from file
49          while ( in.eof() == 0 )
50          {
51                  cout << c;          // print that character on  screen
52                  in >> c;            // get the next character
53          }
54          in.close();
```

330

```
            cout << endl << endl;

            // now look at the difference that skipws will have when we use
            // the exact same code to read from the file
            ifstream wsin("fileopen.dat");        // open for input, use default constructor
            wsin.unsetf(ios::skipws);    // DO NOT SKIP WS ON INPUT

            wsin >> c;                    // get character from file
            while ( wsin.eof() == 0 )
            {
                    cout << c;          // print that character on  screen
                    wsin >> c;          // get the next character
            }
            // now that we have encountered an EOF, let's see what that did to
            // the other calls available
            int after = wsin.rdstate();
            int eof_stat = wsin.eof();
            int fail_stat = wsin.fail();
            int bad_stat  = wsin.bad();
            int good_stat = wsin.good();

            cout << "\n\nBefore clear flags for wsin are " << after << endl;
            cout << "eof stat for wsin is " << eof_stat << endl;
            cout << "fail stat for wsin is " << fail_stat << endl;
            cout << "bad stat for wsin is " << bad_stat << endl;
            cout << "good stat for wsin is " << good_stat << endl;

            // now try to clear the stream using clear and then
            // look at the bits again
            wsin.clear();
            after = wsin.rdstate();
            eof_stat = wsin.eof();
            fail_stat = wsin.fail();
            bad_stat  = wsin.bad();
            good_stat = wsin.good();

            cout << "\n\nAfter clear flags for wsin are " << after << endl;
            cout << "eof stat for wsin is " << eof_stat << endl;
            cout << "fail stat for wsin is " << fail_stat << endl;
            cout << "bad stat for wsin is " << bad_stat << endl;
            cout << "good stat for wsin is " << good_stat << endl;

            wsin.close();
            cout << endl << endl;
}
```

```
1    Output From Running Program
2    Thismessagecamefromfileopen.cpp
3
4    This message came from fileopen.cpp
5
6
7    Before clear flags for wsin are 3
8    eof stat for wsin is 1
9    fail stat for wsin is 2
10   bad stat for wsin is 0
11   good stat for wsin is 0
12
13
14   After clear flags for wsin are 0
15   eof stat for wsin is 0
16   fail stat for wsin is 0
17   bad stat for wsin is 0
18   good stat for wsin is 1
19
20
21
22
```

```
1    // fileop2.cpp
2    // this program illustrates the different ways files can be opened
3
4    #include <stdio.h>
5    #include <iostream.h>
6    #include <fstream.h>        // get access to the file routines
7
8    // There are several bits that control how a file is opened
9    // they are enumerated in iostream.h
10
11   //       in               open for reading
12   //       out              open for writing
13
14   //       ate              seek to eof on original open
15
16   //       app              append, seek to eof on open
17
18   //       trunc            delete file if it already exists
19   //       nocreate         open fails if file doesn't already exist
20   //       noreplace        open fails if file already does exist
21
22   //       binary           open file in binary mode, not a text file
23
24   main()
25   {
26           int rdstat,eof_stat,fail_stat,bad_stat,good_stat;
27
28           // open for reading
29           ifstream in1("fileop2.in", ios::in );
30
31           rdstat    = in1.rdstate();
32           eof_stat  = in1.eof();
33           fail_stat = in1.fail();
34           bad_stat  = in1.bad();
35           good_stat = in1.good();
36
37           cout << "Status bits for in1 are \n";
38           cout << "rdstat for is " << rdstat << endl;
39           cout << "eof stat  is " << eof_stat << endl;
40           cout << "fail stat  is " << fail_stat << endl;
41           cout << "bad stat   is " << bad_stat << endl;
42           cout << "good stat  is " << good_stat << endl;
43
44           in1.close();
45
46           // open for reading, and writing
47           ifstream inout1("fileop2.in", ios::in  | ios::out );
48
49           rdstat    = inout1.rdstate();
50           eof_stat  = inout1.eof();
51           fail_stat = inout1.fail();
52           bad_stat  = inout1.bad();
53           good_stat = inout1.good();
54
```

```
1          cout << "Status bits for inout1 are \n";
2          cout << "rdstat for is " << rdstat << endl;
3          cout << "eof stat   is " << eof_stat << endl;
4          cout << "fail stat  is " << fail_stat << endl;
5          cout << "bad stat   is " << bad_stat << endl;
6          cout << "good stat  is " << good_stat << endl;
7
8          inout1.close();
9
10         // open for writing
11         ifstream out1("fileop2.out", ios::out );
12
13         rdstat    = out1.rdstate();
14         eof_stat  = out1.eof();
15         fail_stat = out1.fail();
16         bad_stat  = out1.bad();
17         good_stat = out1.good();
18
19         cout << "Status bits for out1 are \n";
20         cout << "rdstat for is " << rdstat << endl;
21         cout << "eof stat   is " << eof_stat << endl;
22         cout << "fail stat  is " << fail_stat << endl;
23         cout << "bad stat   is " << bad_stat << endl;
24         cout << "good stat  is " << good_stat << endl;
25
26         out1.close();
27  }
28
29
```

```
1    Output From Running Program
2    Status bits for in1 are
3    rdstat for is 0
4    eof stat  is 0
5    fail stat  is 0
6    bad stat   is 0
7    good stat  is 1
8    Status bits for inout1 are
9    rdstat for is 0
10   eof stat  is 0
11   fail stat  is 0
12   bad stat   is 0
13   good stat  is 1
14   Status bits for out1 are
15   rdstat for is 0
16   eof stat   is 0
17   fail stat  is 0
18   bad stat   is 0
19   good stat  is 1
```

```cpp
// fileop3.cpp
// this program illustrates more different ways files can be opened

#include <stdio.h>
#include <iostream.h>
#include <fstream.h>    // get access to the file routines

// There are several bits that control how a file is opened
// they are enumerated in iostream.h

//       in                open for reading
//       out               open for writing

//       ate               seek to eof on original open

//       app               append, seek to eof on open

//       trunc             delete file if it already exists
//       nocreate          open fails if file doesn't already exist
//       noreplace         open fails if file already does exist

//       binary            open file in binary mode, not a text file

main()
{
        int rdstat,eof_stat,fail_stat,bad_stat,good_stat;

        // open for reading, open fails if file doesn't exist
        ifstream in1("fileop3.in1", ios::in | ios::nocreate );

        rdstat   = in1.rdstate();
        eof_stat = in1.eof();
        fail_stat = in1.fail();
        bad_stat  = in1.bad();
        good_stat = in1.good();

        cout << "Status bits for in1 are \n";
        cout << "rdstat for is " << rdstat << endl;
        cout << "eof stat   is " << eof_stat << endl;
        cout << "fail stat  is " << fail_stat << endl;
        cout << "bad stat   is " << bad_stat << endl;
        cout << "good stat  is " << good_stat << endl;

        in1.close();

        // open for reading, fails if file already exists
        // DOES THIS ONE MAKE SENSE?
        ifstream in2("fileop3.in2", ios::in | ios::noreplace );

        rdstat   = in2.rdstate();
        eof_stat = in2.eof();
        fail_stat = in2.fail();
        bad_stat  = in2.bad();
        good_stat = in2.good();
```

```cpp
        cout << "Status bits for in2 are \n";
        cout << "rdstat for is " << rdstat << endl;
        cout << "eof stat   is " << eof_stat << endl;
        cout << "fail stat  is " << fail_stat << endl;
        cout << "bad stat   is " << bad_stat << endl;
        cout << "good stat  is " << good_stat << endl;


        in2.close();

        // open for reading, delete if file already exists
        // DOES THIS ONE MAKE SENSE?
        ifstream in3("fileop2.in3", ios::in | ios::trunc );


        rdstat    = in3.rdstate();
        eof_stat  = in3.eof();
        fail_stat = in3.fail();
        bad_stat  = in3.bad();
        good_stat = in3.good();


        cout << "Status bits for in3 are \n";
        cout << "rdstat for is " << rdstat << endl;
        cout << "eof stat   is " << eof_stat << endl;
        cout << "fail stat  is " << fail_stat << endl;
        cout << "bad stat   is " << bad_stat << endl;
        cout << "good stat  is " << good_stat << endl;


        in3.close();


}

```

```
 1    Output From Running Program
 2    Status bits for in1 are
 3    rdstat for is 4
 4    eof stat   is 0
 5    fail stat  is 4
 6    bad stat   is 4
 7    good stat  is 0
 8    Status bits for in2 are
 9    rdstat for is 4
10    eof stat   is 0
11    fail stat  is 4
12    bad stat   is 4
13    good stat  is 0
14    Status bits for in3 are
15    rdstat for is 4
16    eof stat   is 0
17    fail stat  is 4
18    bad stat   is 4
19    good stat  is 0
20
```

1

After JT Decided He Couldn't Write One More Program....

He Started Writing Novels,

Please Consider Reading The Pattern (it's about a programming error)

Or Consider Sampling Others of JT Kalnay's Novels

 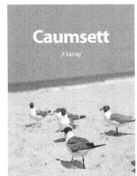 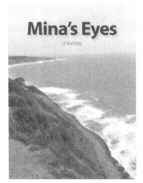

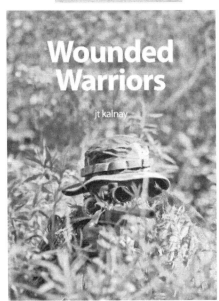

The first of JT Kalnay's works I've read, this early effort compares nicely with Ryan's "Adolescence of P-1" or Grisham's "The Firm" but wisely navigates around Powers' "Galatea 2.2" territory. You get a good sense this writer has "been there" but there is more to "The Pattern" than just an insider's view of an industry and culture that is pretty much a black box to those that haven't. This one gets a 4 out of 5 simply for not quite cracking the level of the big boys: Clancy, Ludlum, Cussler et al. Will be interested to see how this author develops in this genre.

I was surprised to enjoy this book so much as it comes from a not so well known author. Fantastic fiction.

I was thinking about the HAL 9000 malfunction in 2001 A Space Odyssey while reading The Pattern. Decades ago, I wondered if people would risk their lives on software. Now we have fly-by-wire controls in our airplanes and we depend on software in our hospital equipment as well as our cars. Software glitches can now kill. It's a really scary thought and I really enjoyed the thrilling journey the author takes us on in this techno-thriller treat. In the best spirit of science fiction it gives us pause to consider the dependency we freely give to our technology. In addition, as this story unfolds our humanity is laid bare in the face of technological realities that are seldom realized by most of us.

Please Enjoy This Sample From The Pattern
June 19, 1994
Chantilly Virginia

Assembled From News Wire Reports

A chartered executive Lear Jet inbound from Mexico City crashed today in heavy fog during final approach to Dulles National Airport in Washington D.C. Ten passengers and two crew members were killed instantly. There were no Americans on the flight and there were no survivors. Although the airplane had the latest electronics, it had aborted one landing due to the fog and was in the process of lining up for a second attempt when the accident occurred. The black box flight recorder has been recovered from the wreckage and the bodies have been identified. The last transmission from the cockpit was, "There seems to be something wrong with the electronics. Going around." The plane disappeared from radar less than ten seconds later.

June 20, 1994
   San Francisco, California

Thin clouds drifted high above the city by the Bay. Craig and Stacey sat behind the APSoft building on the large cedar deck. A gentle breeze caressed Stacey's long, summer golden hair. Craig was having a very hard time concentrating on the report in his hands.

"Do you want to hear something weird?" Stacey asked.

"I don't know. Do I?" Craig answered.

"Yes. You do," Stacey said.

"Okay. Let's have it," Craig said.

"We're three for three this year," Stacey said.

"I don't get it," Craig said.

"On airplane crashes. We're three for three."

"I still don't get it," Craig said.

"Listen. First you know that guy in Turkey where the Blackhawks got shot down. Second, we both know Rakesh who's been in Hong Kong where the plane that crashed in Nagoya originated. Third, my friend in Mexico works for that company that chartered that plane that crashed in Virginia the other day. We're three for three."

"Better call the National Enquirer," Craig said.

"Jerk," Stacey said.

"We know somebody at almost every airline or aircraft manufacturer in the world Stacey. It'd be a miracle if we didn't know someone somehow related to every crash," Craig said.

"You're still a jerk," Stacey said.

"Yeah I know. It's part of my charm," he replied.

Stacey made a face at him and rolled her eyes.

"Please," she said.

342

"But you know what? You've piqued my curiosity. I'm going to do some research and see how many wrecks there have been in the last year. It does seem like there's been an unusual amount doesn't it?" Craig asked.

"Nice try," Stacey said.

"No. I'm totally serious. Now that you've pointed it out, I really am curious."

"Um huh," she said dismissively.

"Ready to throw it some more," Stacey asked, dangling Craig's birthday Frisbee on the end of a long slender finger.

"Not right now," Craig said. I better get started on that research.

 JT Kalnay is an attorney and an author. He has been an athlete, a soldier, a professor, a programmer, an Ironman, and mountain climber. JT now divides his time between being an attorney, being an author, and helping his wife chase after seven nieces and nephews.

JT was born and raised in Belleville, Ontario, Canada. Growing up literally steps from the Bay of Quinte, water, ice, fishing, swimming, boating, and drowning were very early influences and appear frequently in his work.

Educated at the Royal Military College, the University of Ottawa, the University of Dayton, and Case Western Reserve University, JT has spent countless hours studying a wide range of subjects including math, English, computer science, physics, and law. Many of his stories are set on college campuses. JT (along with MC and KR) is one of the founding members of the Stone Frigate Military Academy English Society.

JT is a certified rock climbing guide and can often be found atop crags in West Virginia, California, Texas, New Mexico, Nevada, Kentucky, Mexico, and Italy. Rock climbing appears frequently in his writing.

JT has witnessed firsthand many traumatic events including the World Trade Center Bombing, the Long Island Railroad Shooting, a bear attack, a plane crash, and numerous fatalities, in the mountains and elsewhere.

Disasters, loss, and confronting personal fear are common themes in his writing.

www.jtkalnay.com

2402320R00183

Made in the USA
San Bernardino, CA
16 April 2013